VOYAGES

DE

JOHN MOORE.

Cet Ouvrage se trouve aussi chez ARTHUS
BERTRAND, Libraire, quai des Augustins.

VOYAGES

DE

JOHN MOORE,

EN FRANCE,

EN SUISSE ET EN ALLEMAGNE.

Traduits de l'Anglais par *Melle.***.

Strenua nos exercet inertia : navibus atque
Quadrigis petimus bene vivere : quod petis híc est.
HORAT.

Une oisiveté laborieuse nous tourmente : nous traversons les mers, nous parcourons la terre pour chercher la sagesse et le bonheur. —Ce que nous cherchons est près de nous.

TOME SECOND.

A PARIS,

Chez PERLET, Libraire, rue de Tournou.

1806.

TABLE DES MATIÈRES

CONTENUES DANS LE SECOND VOLUME.

FIN DE LA TABLE DU TOME SECOND.

VOYAGES

EN FRANCE, EN SUISSE,

EN ALLEMAGNE, ET EN ITALIE.

LETTRE XLVIII.

Francfort.

Depuis notre retour de Darmstadt, le tems a été si constamment mauvais que je ne suis presque pas sorti. Mais afin de remplir exactement nos conventions pour la régularité de notre correspondance, je vous envoie la substance d'une conversation que j'ai eue, il y a quelques jours, avec un étranger, homme de lettres, que je vois très-souvent.

Il n'a jamais été en Angleterre, mais il parle un peu notre langue, l'entend très-bien, et connaît nos meilleurs auteurs. Il me dit qu'il avait trouvé dans quelques livres anglais une solidité de raisonnement et une force d'expression supérieures à tout ce qu'il avait lu ailleurs ; que l'histoire anglaise présentait des exemples d'amour pour la patrie et de zèle pour la liberté civile, qui égalaient les plus célèbres traits de l'histoire grecque et romaine ; que la poësie anglaise développait une élévation de pensées et une connaissance du cœur humain, qu'aucun ouvrage ancien et moderne ne pouvait surpasser ; et qu'en philosophie la nation anglaise n'avait pas de rivale. Il vanta ensuite les progrès faits par les Anglais dans la médecine et les autres sciences ; reconnut leur supériorité dans la marine et les manufactures ; glissa même un léger éloge de quelques ministres ; enfin il termina son panégyrique en disant que ces considérations lui avaient donné la plus haute idée de la nation anglaise, et le désir de cultiver la société de tous les Anglais qu'il avait rencontrés ; mais il avouait franchement que ses liaisons avec eux n'avaient pas contribué à soutenir l'opinion avantageuse qu'il s'était formée de leurs compatriotes.

J'avais déjà entendu faire quelques raisonnemens semblables, et je crus devoir répondre plus longuement. Je commençai par lui observer que s'il avait vécu pendant le plus brillant période de la grandeur romaine, et qu'il eût rencontré accidentellement quelques

Romains en Grèce ou en Asie, l'opinion que
la conduite et la conversation de ces voyageurs
lui aurait donnée du peuple romain, aurait
probablement été très-différente de l'idée
qu'on en peut prendre d'après les œuvres de
Tite-Live, de César, de Cicéron et de Virgile;
de même les mœurs et la conduite du petit
nombre d'Anglais qu'il avait rencontrés sur le
continent, loin de lui donner une connaissance exacte du caractère de la nation, l'avaient
fait tomber dans l'erreur. Moi-même, lui dis-
je, j'ai connu beaucoup de jeunes Anglais qui,
après avoir mené un genre de vie dissipé et
insignifiant pendant leurs voyages, et tandis
qu'ils étaient éloignés des objets naturels de
leur ambition, changeaient entièrement de
conduite à leur retour, s'appliquaient aux
affaires avec autant d'ardeur qu'ils en avaient
mis d'abord à se lancer dans l'extravagance,
et devenaient des membres très-utiles de la
société.

Mais, continuai-je, mettons cette considération de côté : le caractère d'un peuple ne
peut être connu qu'en vivant familiérement
avec lui pendant un long espace de tems; c'est
une condition nécessaire pour avoir une juste

idée d'une nation. Elle est sur-tout indispensable relativement à la nation Anglaise , car dans aucune autre les sentimens de ceux qui voyagent ne diffèrent autant des sentimens de ceux qui restent dans leur pays.

La première classe est composée de quelques invalides , d'un grand nombre de jeunes gens sortant de l'université , et de beaucoup d'hommes oisifs dépourvus d'ambition , incapables d'application , et qui vont et viennent dans toute l'Europe , parce qu'ils ne savent comment employer leur tems chez eux.

La seconde classe est composée de jeunes cadets qui sont élevés pour l'armée , la marine et les lois , ou employés pour le commerce , l'agriculture et les manufactures , en un mot, de tous ceux qui n'étant pas nés avec une fortune indépendante , cherchent à remédier à cet inconvénient en cultivant leurs talens ou exerçant leur industrie.

L'Angleterre est le seul pays en Europe que les habitans ne quittent jamais pour courir après la fortune ; il y a sans exagérer vingt Français à Londres pour un Anglais à Paris ; la plus grande partie de ces Français voyage pour gagner de l'argent , et presque tous les

Anglais pour le dépenser. Mais nous commettrions certainement une grande erreur , si nous jugions du caractère français par celui des musiciens , des maîtres de danse , et des valets-de-chambre de leur nation , qu'on peut rencontrer en Angleterre et dans toutes les autres parties de l'Europe.

Mon adversaire avoua qu'il serait injuste de décider du caractère français par celui de leurs danseurs et de leurs musiciens , mais il ajouta qu'il ne voyait pas que les Anglais pussent raisonnablement se plaindre , si les étrangers les jugeaient tous d'après la connaissance du caractère particulier des hommes les plus distingués , les plus riches , et ayant reçu l'éducation la plus libérale de leur île.

Je répliquai que certainement ils auraient le droit de se plaindre , parce que les jeunes gens d'un rang élevé , et destinés à jouir d'une grande fortune , nourrissent dès leur enfance des idées qui contrarient souvent les effets d'une bonne éducation. Si des maîtres et des parens judicieux élèvent un enfant avec soin , lui répètent sans cesse que, dans l'impossibilité de fonder l'estime sur des avantages complètement dus au hasard , comme ceux

de la fortune et de la naissance, ses qualités personnelles peuvent seules le rendre
respectable ; s'ils lui montrent dans l'instruction et la vertu les vraies sources du bonheur,
et dans l'oisiveté, au contraire, le principe de
la misère et des vices ; s'ils prennent soin de
le convaincre que l'application seule produit
l'instruction , sans laquelle il doit tomber
dans l'insignifiance en dépit du rang et de la
fortune ; enfin s'ils appuient ces préceptes par
l'exemple, ou les inculquent doucement dans
sa mémoire par la fable et l'allégorie , sans
doute les parens peuvent se promettre un heureux résultat , et cependant nous voyons tous
les jours l'effet de leurs peines détruit par les
insinuations perfides de valets et de bas flat-
teurs , qui donnent de l'importance à des qualités bien différentes, et prêchent une doctrine
beaucoup plus agréable.

Dans tous leurs discours ils font d'éternelles
allusions aux richesses que le jeune élève doit
posséder un jour , et lui persuadent que pour
jouer un rôle distingué, il n'a besoin de se
donner aucune peine ; que l'étude et l'application sont assez profitables à de pauvres garçons sans ressource , mais parfaitement inu-

tiles , et même peu convenables à un homme bien né.

Ils parlent avec transport des chiens de chasse et des chevaux de race d'un grand homme de sa connaissance , des riches livrées et des brillans équipages d'un autre , et exaltent encore plus ceux qui possèdent la première des vertus , la libéralité pour leurs domestiques ; ils disent à leur jeune maître que son rang et sa fortune lui permettent d'avoir de plus beaux chiens et chevaux , des livrées et des équipages plus magnifiques , de montrer plus de libéralité que toutes ces pesonnes, et d'être par conséquent un beaucoup plus grand homme sous tous les rapports. Ce poison, souvent versé sur ces jeunes rejetons de la fortune , détruit la vigueur de la plante et rend les soins et la culture sans effet.

Si nous supposons que des domestiques d'un autre caractère puissent être placés auprès du jeune homme , et qu'on parvienne à lui inspirer d'autres sentimens , il ne pourra sortir et aller dans le monde sans s'apercevoir de son importance et des égards qu'on aura pour lui; ses espiégleries passeront pour des actions spirituelles et énergiques, les idées libres ou extravagantes qu'il hasardera seront converties en bons mots. S'il est désapprouvé ou puni par ses parens ou ses maîtres, d'officieux intermédiaires lui diront dix fois pour une qu'il a souffert une grande injustice. Le jeune homme fera tourner tout cela à l'avantage de la nonchalance et de la vanité, et arrivera enfin à la douce persuasion que l'étude et l'application seraient superflues pour lui ; qu'il doit seulement chercher des amusemens, parce que, à l'âge heureux de vingt-un ans, l'admiration, la déférence, les distinctions flatteuses, et beaucoup d'autres bonnes choses, lui seront naturellement acquises.

D'un autre côté, un jeune homme qui n'est pas né avec de telles espérances, ne trouve point de flatteur pour gâter son cœur et son esprit ; s'il se conduit mal, il voit à l'instant des marques de désapprobation sur la physionomie de tous ceux qui l'entourent ; il rencontre continuellement des gens qui l'avertissent de ses fautes sans cérémonie ni circonlocution : il s'aperçoit que personne ne s'inquiète de sa mauvaise humeur et de ses caprices, et conclut qu'il n'a rien de mieux à faire que de corriger son caractère.

Il se trouve souvent négligé dans le monde, et sent que le seul moyen de remédier à cet inconvénient est de chercher à plaire. Il aime, comme le riche et le grand, les plaisirs, les distinctions et l'abondance ; mais convaincu qu'il ne peut les obtenir que par des connaissances utiles, ou des talens agréables, il travaille à les acquérir.

L'élève de la fortune trouve la preuve de la vérité des préceptes dans la rhétorique ; celui qui n'a rien, dans l'expérience : ce qui produit des résultats très-différens.

Par cette raison, le fils d'un gentilhomme destiné à posséder une fortune médiocre peut, à seize ans, connaître mieux le monde et l'opinion qu'on a formée sur son compte qu'un jeune homme d'un rang très-élevé à un âge beaucoup plus avancé ; car il est difficile de découvrir qu'on est méprisé lorsqu'on est encore flatté.

Loin d'être surpris de voir l'ignorance, la faiblesse et la dissipation prévaloir parmi ceux qui sont environnés dès leur enfance des préjugés de la fortune et de la grandeur, nous devons être étonnés de trouver encore parmi eux tant d'hommes justement vantés pour leurs vertus, leur génie et leur activité ; et si,

comme je le crois, le nombre en est proportionnellement plus grand en Angleterre que
dans tout autre pays, cela est dû à la discipline impartiale de nos écoles publiques, et
au traitement équitable que les enfans des familles les plus distinguées reçoivent de leurs
camarades. Quelquefois les sentimens mâles
et nobles qui leur sont, pour ainsi dire, inspirés par leurs compagnons d'étude, servent
d'antidote contre les sophismes frivoles employés ensuite par des hommes faibles ou
adroits pour gouverner en tout tems leur esprit.

La nature de la constitution britannique
contribue aussi à former un plus grand nombre
d'hommes à talens parmi les riches et les
grands, que dans tout autre pays; parce que nul
gouvernement n'ouvre un aussi vaste champ à
l'ambition, et que l'ambition excite l'activité,
qui produit les talens. Mais, ajoutai-je, vous
conviendrez qu'il serait injuste de juger du
génie anglais sur un échantillon pris dans la
classe des hommes qui doivent être tentés plus
que les autres de s'abandonner à l'indolence,
et qui ont moins de motifs pour se livrer à
l'application.

Mon adversaire me disputa encore ce point :

il avança qu'une haute naissance donnait une dignité et une élévation naturelles à l'esprit : les distinctions et les honneurs, dit-il, ont été originairement introduits dans les familles par le mérite et la vertu, et un homme d'une haute naissance ne peut paraître dans le monde sans rappeler le souvenir des grandes actions, des qualités éclatantes de celui qui d'abord lui acquit ces honneurs. Il sait que son nom seul produit cet effet, et doit sentir un vif désir d'imiter ses ancêtres. S'il dégénérait, il serait soumis à la censure la plus sévère ; car le monde ne verrait pas sans indignation le vice et l'indolence jouir des récompenses de l'activité et de la vertu.

J'aurais pu ne pas convenir que les honneurs et les titres aient toujours été la récompense de la vertu, et même appuyer la proposition contraire de nombreux exemples ; mais je voulus bien lui accorder que cela était arrivé souvent, et que les honneurs héréditaires dans une famille devaient toujours avoir, et avaient quelquefois, l'effet qu'il leur supposait : mais après avoir cédé sur ce point, je n'en persistai pas moins à soutenir qu'il n'en serait pas plus autorisé à juger des Anglais en général d'après ceux qu'il avait connus dans l'étranger, dont peut-être les trois quarts étaient des gens enrichis, mais sans naissance ni famille distinguée, et avaient par conséquent des motifs pour se livrer à l'indolence, et aucun pour exercer leur activité ; que si cela arrivait rarement dans d'autres pays, il était très-commun en Angleterre de voir des gens de toutes professions accumuler une très-grande fortune, qui à leur mort revenait à leurs enfans. Ces jeunes gens s'établissaient sur le champ gentilshommes, sans avoir reçu une éducation convenable, et couraient l'Europe en se donnant pour des *milords Anglais*. Ils jouaient, achetaient des tableaux, des statues mutilées, prenaient des maîtresses, et croyaient effacer la tache de leur naissance en entassant plus d'extravagances qu'un homme bien né ne l'aurait cru nécessaire.

Notre conversation finit là, et mon adversaire me promit de s'en tenir à l'idée qu'il s'était formée de la nation Anglaise, d'après les ouvrages de Milton, de Locke et de Newton, et les caractères de Raleig, Hambden et Sidney.

LETTRE XLIX.

Parmi les choses remarquables de Francfort, on peut compter les auberges ; deux sur-tout (l'Empereur et la Maison rouge) sont supérieures à toutes celles que j'ai vues sur le continent. Pour la propreté, la commodité et le nombre d'appartemens , elles peuvent rivaliser avec les plus magnifiques auberges d'Angleterre.

On trouve dans ces deux auberges , comme dans toutes celles de Suisse et d'Allemagne , un ordinaire public, qu'on appelle table-d'hôte , parce que l'aubergiste est assis à l'un des bouts de la table et découpe les viandes : on donne encore le même nom en France à un ordinaire public , quoique l'hôte ne s'asséye plus à la même table comme en Allemagne, où cet usage a été conservé.

On ne trouve point ici de logemens particuliers comme à Londres, ni d'hôtels garnis comme à Paris. Les étrangers sont obligés de retenir des appartemens à l'auberge pour là durée de leur séjour dans une ville, et les voyageurs de toutes conditions, les princes souverains seuls exceptés, ne se font nul scrupule de manger à la table-d'hôte de l'auberge où ils logent. Les voyageurs de tout pays suivent universellement cette coutume sur le continent : cependant beaucoup de nos compatriotes qui méprisent l'économie, et haïssent la compagnie des étrangers, préfèrent manger dans leurs appartemens, et même refusent toutes les invitations qui leur sont faites par les habitans.

Il y aurait de l'arrogance à vouloir disputer aux Anglais le droit de suivre sur cela leur inclination; cependant lorsque des gens désirent éviter la société des étrangers, il me semble que leur imagination trouverait à se satisfaire chez eux aussi bien qu'ailleurs, et je ne saurais m'empêcher d'observer que tant qu'ils conservent cette humeur, ils pourraient s'épargner les inconvéniens et la dépense du voyage.

Les mœurs et le génie des nations ne se découvrent pas à la vérité dans les auberges, et la société la plus choisie ne se rencontre pas à

un ordinaire public ; mais celui qui observe ,
et se plaît à étudier les caractères , y trouvera
de l'instruction et de l'amusement ; il y verra
les habitans avec plus de familiarité , et en-
tendra les remarques des voyageurs de toutes
les classes.

Un homme qui voyage pour son instruc-
tion doit chercher à se lier avec les principales ,
personnes des villes où il compte résider ,
accepter les invitations de leurs familles , suivre
leurs sociétés , les recevoir chez lui quand il
le peut convenablement , et essayer d'acquérir
une idée juste de leur gouvernement, de leurs ,
sentimens et de leur manière de vivre. Ceux
qui aiment à étudier l'homme (et j'ose dire ,
avec toute la déférence due aux observateurs
philosophes des animaux , des papillons et
des oiseaux , que cette étude ne me paraît pas
sortir de la philosophie naturelle) , se mêle-
ront parmi les gens de tous les états , et lorsqu'ils ne seront pas autrement engagés , pren-
dront place à la table-d'hôte.

On dit que des gens des plus basses classes
se trouvent quelquefois à ces tables ; cette ob-
jection est sans doute très-forte, mais alors on
se rappellera qu'il est possible qu'un homme

engagé dans le commerce ait un esprit libéral, et puisse vous indiquer les objets dignes
de votre attention, avec autant de justesse
que s'il fût resté oisif toute sa vie.

Il faudrait avoir une idée bien exagérée de son
importance, pour ne pas se soumettre à dîner
avec un homme d'une classe inférieure dans
un pays étranger, sur-tout s'il se rencontre
en même tems avec d'autres d'un rang égal
ou supérieur au vôtre, car toute étiquette est
bannie de la table-d'hôte en Allemagne.

L'étude de la nature, dans toutes ses formes
et ses modifications, est singulièrement intéressante, et digne de fixer l'attention du plus
grand homme ; mais ce n'est point dans les
cours et les palais qu'on peut la suivre avec
succès. L'investigateur de la nature doit la visiter dans les plus humbles retraites, et se
mettre de niveau avec les hommes qu'il désire
connaître.

Ceux qui possèdent une grandeur d'esprit
réelle n'hésitent jamais à franchir les obstacles
et à mépriser les formes qui pourraient les
arrêter et ralentir leurs progrès dans cette
science utile.

Un argument bien plus puissant en faveur

des tables-d'hôte , c'est que dans ce pays les femmes elles - mêmes y mangent lorsqu'elles voyagent , et , je l'avoue , ma partialité pour ces tables est peut-être causée en grande partie par ma rencontre à l'une d'elles , avec deux des plus belles femmes que j'aie vues depuis dans ce pays , qui pourtant abonde en beautés.

Il y a plus d'expression dans la physionomie des Françaises , mais les Allemandes l'emportent sur elles pour l'éclat et la fraîcheur de leur teint ; elles ressemblent davantage aux Anglaises qu'aux Françaises , et cependant elles diffèrent beaucoup des unes et des autres. Je ne sais comment donner une juste idée de cette variété d'expression que je remarque , si je ne me trompe , dans les traits des femmes de ces trois pays.

Une belle Française se distingue par l'aisance de ses manières et un air vif et enjoué ; elle paraît avoir le désir de vous connaître , et l'espérance de fixer votre attention.

Les manières d'une Anglaise sont plus retenues , et un étranger peut observer sur sa physionomie une fierté qui approche du dédain. Les traits les plus enchanteurs laissent encore entrevoir quelque chose d'aigre et de chagrin , quî réprime cette liberté de discours permise avec les Françaises , et intéresse davantage votre vanité, en vous présageant de nombreuses difficultés à surmonter.

Une beauté Allemande , sans avoir ni la vivacité piquante de l'une , ni la réserve de l'autre , a généralement l'air plus doux.

LETTRE L.

Francfort.

PLUSIEURS personnes ici ont la folie de vouloir se distinguer par leur passion pour les beaux-arts, et l'on ne manque pas d'avertir les étrangers que certaines collections de tableaux méritent la peine d'être vues.

Vous savez que je ne suis point connaisseur: d'ailleurs, si je l'étais, je ne voudrais point vous faire passer votre tems à lire mes descriptions ou mes critiques; car quoique j'aie visité ces cabinets, vous ne les avez pas vus; et rien, à mon avis, ne pourrait être plus inintelligible et plus fatigant pour le lecteur que les critiques de tableaux qu'il ne connaît pas. J'observerai seulement que les propriétaires estiment beaucoup leurs collections; et que sans doute elles ont dû obtenir aussi l'approbation des spectateurs désintéressés. L'une d'elles sur-tout doit être très-précieuse, car on en a offert au possesseur actuel un prix prodigieux : il l'a refusé comme au-dessous de sa valeur, quoique la somme offerte l'eût mis pour toujours dans l'aisance qui , je suis fâché de le dire , est loin d'être sa position. Je ne peux douter .de la vérité de cette anecdote , car je l'ai entendue de sa propre bouche.

Il est encore plus à la mode d'avoir des cabinets d'histoire naturelle ; outre les collections de cette espèce que possèdent les princes, beaucoup d'individus en Allemagne ont des musées dans leurs maisons, et les étrangers ne sauraient leur faire un plus grand plaisir que de leur demander la permission de les voir. Cette politesse n'aurait rien de difficile si l'étranger pouvait jeter seulement un coup-d'œil rapide dans ces galeries , et s'en aller quand il le voudrait ; mais malheureusement le propriétaire vous accompagne toujours , et vous raconte l'histoire de chaque morceau de mines , de pétrifications , des bois fossiles et des monstres que sa collection renferme. Comme cette leçon est donnée *gratis* , il se croit le droit de la rendre aussi longue qu'il lui plaît. Ainsi , lorsqu'on demande à voir un cabinet d'histoire naturelle , c'est une affaire plus sérieuse qu'on ne le prévoit.

Le duc d'Hamilton s'est jeté dans un embarras dont il lui sera difficile de se tirer : ne sachant pas que les propriétaires se donnassent tant de peine dans ces occasions , il a exprimé à trois ou quatre virtuoses dans ce genre le désir de voir leurs cabinets. Je l'accompagnai hier dans sa première visite. Le gentilhomme chez qui nous étions fit pour plaire à sa grâce une chose inaccoutumée. Il lui dit que , pleinement convaincu de son goût pour la philosophie naturelle , science toujours cultivée par les personnes de son rang , il prendrait plaisir à lui montrer sa collection d'une manière détaillée. Dans ce louable projet , il n'avait pris aucun engagement pour la soirée entière , et avait donné des ordres pour n'être pas interrompu. Il s'étendit donc sur chaque objet avec tant d'exactitude et de persévérance, qu'il rassasia complètement sa grâce de curiosités , et lui donna une connaissance si précise des terres , des crystaux , des agathes , des pyrites , des pétrifications , des métaux , des demi-métaux , etc. , etc. , qu'elle pourra , j'ose le dire , servir pour le reste de sa vie.

J'ai commencé cette lettre à Francfort, ne soupçonnant pas que notre départ serait si soudain : mais le jour approchait où l'on nous avait promis la vue d'un autre cabinet de curiosités , et l'impatience du Duc pour partir augmentait de minute en minute. Nous envoyâmes donc nos excuses aux propriétaires des collections que nous devions visiter; nous passâmes un jour avec la famille de madame de Barkause , un autre avec celle de M. Gogle, et ensuite disant adieu à la hâte à nos autres connaissances , nous partîmes pour cette ville. Nous couchâmes la première nuit à Marburg , et la seconde à minuit nous arrivâmes à Cassel.

Comme la terre est entièrement couverte de neige , les routes mauvaises et les postes longues , nous étions obligés de prendre six chevaux à chaque chaise , et quelquefois nous n'allions pas plus vîte qu'un convoi funèbre; le Duc supportait cela avec une merveilleuse sérénité , en songeant à son heureuse évasion des cabinets de Francfort. Un esclave échappé des mines n'aurait pu montrer une plus grande satisfaction ; sa bonne humeur résista au flegme

impatientant et à l'obstination des postillons
Allemands, dont on ne saurait se faire d'idée
quand on n'a pas voyagé dans ce pays au plus
fort de l'hiver et par un tems de neige.

Le contraste des caractères français et allemand se montre d'une manière frappante dans
la conduite des postillons des deux pays.

Un postillon français rit, se dépite, chante
ou jure tout le tems qu'il est en route ; si une
montagne ou un mauvais chemin l'oblige d'aller doucement, il fait claquer son fouet par-
dessus sa tête, pendant un quart-d'heure, sans
rime ni raison ; il sait que les chevaux ne peuvent aller d'un pas plus vîte, et même il ne
prétend pas qu'ils le fassent ; tout ce bruit et
ce mouvement ne signifient rien et viennent
entièrement de cette aversion pour le repos,
que chaque français suce avec le lait de sa
mère.

Un postillon allemand, au contraire, mène
quatre chevaux avec toute la tranquillité possible ; il ne chante, ne rit, ni ne s'impatiente,
il fume seulement, et quand il approche
d'un défilé, il sonne de la trompette pour
empêcher les voitures d'entrer par l'autre bout
avant qu'il soit passé ; si vous lui dites d'aller

un peu plus vîte , il se retourne , vous regarde en face , ôte sa pipe de sa bouche , répond *ya* , *meinherr* , *ya* , *ya* , et continue à suivre exactement le même pas. Il ne s'inquiète nullement que la route soit bonne ou mauvaise , qu'il pleuve , neige ou fasse beau tems ; parfaitement indifférent sur le compte des gens qu'il mène , il semble également insensible à leurs reproches et à leurs éloges. Il a un objet qu'il ne perd jamais de vue , c'est de conduire votre chaise et son contenu , d'une poste à l'autre , de la manière qu'il juge la meilleure pour lui et les chevaux , et à moins que sa pipe en finissant ne l'oblige à battre le briquet et à la rallumer , il ne paraît pas avoir d'autre idée pendant le voyage entier. Le meilleur parti à prendre est de le laisser d'abord aller comme il l'entend ; en dépit de tout le fracas que vous pourriez faire , il finira toujours par suivre sa volonté.

Non vultus instantis tyranni
Mente quatit solidâ, neque auster
Dux inquieti turbidus Adriæ,
Nec fulminantis magna jovis manus.

Ni le joug sévère d'un tyran menaçant, ni le sifflement des vents qui tourmentent les flots Adriatiques, ni Jupiter lui-même lançant la foudre redoutable, ne pourraient altérer un instant son imperturbable sang-froid.

LETTRE LI.

Cassel.

La politesse et les égards que l'on montre au duc d'Hamilton dans cette cour , nous ont fait rester ici plus long-tems que nous n'en avions d'abord le projet.

Puisque vous paraissez curieux de connaître la manière dont nous passons notre tems , je vais vous rendre un compte exact d'une de nos journées , il vous donnera , à très-peu de changemens près , l'idée de toutes les autres.

Nous employons ordinairement la matinée à l'étude , nous allons au palais une demi-heure avant que le dîner soit servi, et nous trouvons tous les officiers qui ont été invités rassemblés dans une vaste salle. Le Landgrave paraît bientôt et cause avec tout le monde , jusqu'à ce que la princesse sa femme arrive avec la princesse Charlotte et les dames qu'il leur a plu d'inviter.

La compagnie se rend dans la salle à manger , où il y a tous les jours à peu près trente couverts : la pièce adjacente en contient le même nombre, les portes restent ouvertes, et les deux tables semblent n'en former qu'une ; les étrangers et les officiers qui ne sont pas au-dessous du rang de colonel dînent à celle de son Altesse. En sortant de dîner, on retourne dans la salle où l'on s'était d'abord réuni, et on y reste jusqu'à ce que le Landgrave se retire, ce qu'il fait ordinairement un quart-d'heure après : aussitôt l'assemblée se disperse et revient à sept heures du soir. Le Landgrave joue constamment au cavagnole, espèce de loterie qui n'exige ni adresse ni attention, et qui interrompt à peine la conversation ; une douzaine de joueurs composent sa partie.

La Princesse joue au quadrille avec les personnes qu'elle choisit ; des tables sont placées dans les pièces suivantes pour ceux qui veulent former aussi des parties. Le jeu dure environ deux heures. Le Landgrave ensuite embrasse la Princesse sa femme sur l'une et l'autre joue et se retire dans son appartement, tandis qu'elle va souper avec le reste de la compagnie ; il y a à ce repas moins d'étiquette, et par conséquent plus d'aisance et de gaieté qu'au dîner.

Quand son Altesse se lève de table la plus grande partie des convives la suit, et monte dans une vaste antichambre, où elle reste à causer quelques minutes et se retire ensuite.

Ces formes générales sont quelquefois variées par un concert dans les appartemens du Landgrave ; il y a encore certains jours de gala distingués des autres par un cercle plus nombreux et mieux paré qu'à l'ordinaire, deux circonstances qui n'ajoutent pas beaucoup à l'agrément de ces réunions.

Pendant le carnaval, il y a deux ou trois bals masqués. Dans ces occasions, la cour s'assemble à six heures du soir ; les hommes viennent tous en domino, et les femmes dans leurs habits ordinaires ; elles ajoutent seulement à leur parure quelques ornemens de fantaisie. Ils s'amusent tous à jouer et à causer jusqu'à l'heure du souper ; pendant ce tems un gentilhomme de la cour apporte dans son chapeau un nombre de billets égal à celui des hommes présens, il les offre aux dames qui en prennent chacune un ; des billets semblables sont aussi distribués aux hommes, et tous les gardent jusqu'à la fin des parties.

L'officier appelle alors le n° 1 ; le couple

qui possède ce n° s'avance, et l'homme conduit la dame dans la salle du souper , s'assied à côté d'elle et reste son *partner* pour la soirée ; tous les autres n°ˢ sont appelés de la même manière.

Après souper chacun met son masque. La Princesse est menée par son *partner* dans la salle de bal , et va avec lui jusqu'à l'extrémité supérieure de la salle , le couple suivant s'arrête à quelque distance au-dessous , et ainsi de suite , jusqu'à ce que cette double file occupe toute la longueur de la salle ; s'il se trouve des couples de trop , ils sont obligés de se retirer sur les côtés. Vous attendez de cet arrangement une contredanse anglaise ; cependant c'est un menuet qu'on veut exécuter ; la musique commence , et tous les masques consistant en vingt ou trente couples dansent un menuet ensemble. Cette affaire, qui est un peu confuse , finie , chacun s'assied excepté la Princesse , qui ordinairement danse neuf ou dix minutes avec autant de gentilshommes successivement. Elle se repose ensuite pendant que le reste de l'assemblée danse des menuets, auxquels succèdent des contredanses et des cotillons jusqu'à quatre ou cinq heures du matin.

Son Altesse est une très-belle femme, sa personne est gracieuse, son caractère gai, sa conversation spirituelle ; elle court le risque de prendre trop d'embonpoint ; cet inconvénient n'est pas rare en Allemagne, mais elle cherche à l'éviter en faisant beaucoup d'exercice.

Outre les personnes invitées à souper à la cour les jours de bal, les salles sont remplies d'une foule de personnes de la ville, quelques-unes en habit de caractère ; et quoique les masques de la cour soient connus lorsqu'ils entrent dans la salle de bal, beaucoup d'entre eux s'échappent ensuite, changent de costume, et reviennent s'amuser à tourmenter leurs amis, comme cela se pratique ordinairement dans les bals masqués.

Les contredanses anglaises sont composées de toutes les personnes qui veulent s'y joindre. Deux femmes d'un état peu honorable, qui étaient venues passer leur carnaval à Cassel, dansaient à chaque bal à la même contredanse que son Altesse, quoiqu'elles fussent connues de plusieurs officiers ; car le masque anéantit l'étiquette, met tout le monde sur le même pied, et souvent sert à découvrir le caractère réel et les inclinations de celui dont il cache la figure.

LETTRE LII.

LE Landgrave de Hesse est , après les Elec-
teurs de l'Empire , un des plus grands princes
d'Allemagne , et même les électeurs de Bohème,
de Saxe et de Hanovre sont plus riches , mais
moins puissans que lui. Le pays est monta-
gneux et couvert de bois , mais entrecoupé
de champs de bled et de vallées fertiles. Les
subsides considérables que cette cour a reçus
de la Grande-Bretagne pendant les deux dernières guerres , ont grandement contribué à
mettre ses finances dans l'état florissant où
elles sont actuellement.

Le Prince régnant a renoncé au culte pro-
testant , il y a vingt ans , et il fait publique-
ment profession de la religion catholique :
pendant la vie du dernier Landgrave, ce changement mécontenta le vieux Prince et alarma
ses sujets , qui sont tous protestans.

Les Etats du Landgraviat furent assemblés ,
et l'on prit les mesures qui parurent nécessaires au maintien de la religion et de la cons-

titution du pays, et propres à prévenir des essais futurs pour les détruire. Le Prince héréditaire fut exclu de toute participation à l'éducation de ses enfans, qui furent confiés aux soins de la princesse Marie d'Angleterre, sa femme, dont il était alors séparé; l'aîné des fils, à l'avénement de son père au landgraviat, a été mis en possession du comté de Hanau. Ainsi les habitans n'ont éprouvé aucun inconvénient du changement de religion de leur Prince, et comme lui-même n'a recueilli aucun avantage terrestre de sa conversion, il est vraisemblable que les espérances de son Altesse reposent maintenant sur les récompenses qui peuvent l'attendre dans un autre monde. Le Prince garde 16,000 hommes sur pied en tems de paix. Les troupes observent la même discipline qu'en Prusse, et le Landgrave lui-même a le rang de Feld-Maréchal dans l'armée prussienne. Il se plaît beaucoup à exercer sa troupe; mais n'ayant pas de salle destinée à cela comme le prince de Hesse-Darmstadt, lorsque le tems est très-mauvais, il prend cet amusement dans la salle à manger de son palais, où j'ai vu fréquemment deux ou trois cents hommes du premier bataillon des gardes exécuter leurs manœuvres avec toute la dextérité possible.

Le prince de Saxe-Gotha, frère de la princesse de Galles, a un régiment au service du Landgrave et réside à Cassel.

Le général Soliven a la principale administration des affaires militaires; c'est un homme qui joint à un jugement sûr, un esprit pénétrant bien cultivé par la lecture et la réflexion.

J'ai l'avantage d'être intimément lié avec beaucoup d'autres officiers attachés à cette cour. Le caractère allemand en général se distingue par une politesse franche et des manières ouvertes naturellement. Ces qualités bannissent la réserve et inspirent la confiance, et ce qui me fait trouver la conversation de ces officiers encore plus agréable et plus intéressante, c'est qu'ils semblent se plaire à rendre justice à la bravoure des troupes anglaises avec lesquelles ils ont servi. Ils ne nomment jamais Granby, Waldgrave et Kingsley qu'avec les plus grands éloges, et parlent avec affection et respect des officiers avec qui ils étaient liés le plus intimément, sur-tout de M. Keith, maintenant à Vienne, et du colonel John-Maxwel qu'ils regardent comme un des plus actifs et des plus braves officiers de l'armée. Aussi paraissent-ils citer avec plaisir plusieurs traits d'intrépidité des grenadiers anglais qu'il commandait.

Outre les personnes employées au service du Landgrave, quelques gens de marque résident à Cassel. Je passe quelquefois des après-dîners avec le vieux général Zastrow, qui avait le commandement de la garnison de Schweidnitz lorsqu'elle fut surprise par le général autrichien Laudhon.

Vous pouvez vous souvenir que cette place importante fut prise sur les Prussiens par le colonel Nadasti, en l'année 1757. Dans l'hiver de cette même année le roi de Prusse la bloqua, et elle se rendit à lui au printems de 1758, lorsqu'une moitié de la garnison eut succombé en la défendant. En 1761, Laudhon la reprit presque à la vue du monarque Prussien, par le plus hardi coup de main qui puisse être porté.

L'armée du Roi et celle de Laudhon étaient l'une et l'autre dans le voisinage de Schweidnitz; ce dernier ne pouvait pas entreprendre un siége régulier, tandis qu'il était surveillé par un ennemi si redoutable. Mais observant que le Roi s'était éloigné de la ville à une plus grande distance qu'à l'ordinaire, et sachant que plus de la moitié de la garnison avait été retirée, il forma un plan aussi hardi que sagement concerté. Un matin, de bonne heure, cet intrépide commandant, profitant d'un brouillard épais, marcha sur Schweidnitz à la tête de son armée divisée en quatre bataillons ; des échelles furent appliquées aux remparts, et quelques Autrichiens entrèrent dans la ville avant d'avoir été aperçus par les sentinelles.

La garnison, ayant enfin pris l'alarme, attaqua les assaillans avec fureur. L'explosion d'un magasin à poudre vint encore augmenter la confusion, et détruisit beaucoup de monde des deux partis. Le gouverneur fut pris en combattant l'épée à la main, sur les remparts, et la ville se rendit.

Cet exploit assura la réputation de Laudhon, tandis que le pauvre Zastrow subit le sort ordinaire des malheureux. Il fut accablé de calomnies par des gens insensibles et cruels. Il demanda à être jugé par une cour martiale : le Roi répondit qu'il ne l'accusait d'aucun crime, mais il crut prudent de ne lui

confier aucun commandement après cette infortune. J'ai entendu raconter à ce vieillard
tous les détails de l'affaire, et son récit m'a
été confirmé par des officiers bien instruits à
qui il était inconnu.

Une troupe de comédiens français est arrivée dernièrement ici ; elle restera six semaines
ou deux mois : le Landgrave lui paye une
somme stipulée pour jouer deux fois la semaine pendant ce tems. Elle a peu d'autres
rétributions, car les habitans de Cassel, qui
sont calvinistes, ne montrent pas une grande
passion pour les amusemens dramatiques.

La salle de spectacle est jolie quoique petite ; la galerie en face du théâtre est occupée
par la cour : il y a dans le fond une chambre
assez commode. Quand les Princes ou les
Princesses restent debout, soit dans les entr'actes, ou pendant la représentation, tout
l'auditoire, loges, galerie et parterre, se lève
et reste dans cette position jusqu'à ce que les
Souverains s'asséyent.

Depuis l'arrivée de ces acteurs la cour a été
très-brillante et les jours de gala plus fréquens.
Hier fut un des plus magnifiques. Dans la
soirée j'observai deux hommes qui se saluaient

avec beaucoup de politesse et de respect ; peu d'instans après l'un d'eux vint à moi, et me dit très-bas, en me montrant l'autre : Monsieur, prenez garde à cet homme, c'est un grand coquin. Quelques minutes s'étaient à peine écoulées que l'autre m'abordant, me dit : Monsieur, croyez-vous que vous puissiez reconnaître un fou, si je vous le montre ? le voilà, ajouta-t-il en me désignant la personne qui venait de me parler.

On m'a assuré depuis qu'ils s'étaient réciproquement rendu justice ; mais, à la vérité, ils n'étaient Hessois ni l'un ni l'autre.

Je cite ce petit trait seulement à raison de sa singularité, et pour vous montrer combien les courtisans d'ici diffèrent par leurs sentimens de ceux de la cour de Saint-James.

LETTRE LIII.

Cassel.

La ville de Cassel est située sur la rivière de Fulde ; elle se divise en vieille et nouvelle ville. La première est la plus grande et la plus irrégulière. La seconde est bien bâtie, et, comme vous pouvez croire, renferme les maisons de la noblesse et des officiers. Les rues sont belles, mais peu garnies d'habitans.

Le grand château est habité l'hiver par le Landgrave, qui a en outre plusieurs autres châteaux et maisons de plaisance dans différentes parties de ses Etats. En sortant de la ville on trouve un très-bel édifice, dans lequel il passe la plus grande partie de l'été. Les appartemens sont agréables et commodes ; quelques-uns même sont ornés de statues antiques d'une grande valeur.

Aucune des salles n'étant assez spacieuse pour qu'un nombre de troupes considérable puisse y faire l'exercice, son Altesse se livre quelquefois à son plaisir favori sur le toit de son palais, qui est en terrasse et très-propre à cet usage. Des parcs étendus, de beaux jardins, une superbe orangerie environnent cette habitation, qui renferme encore une ménagerie considérable et curieuse. J'ai sur-tout remarqué dans cette collection une très-belle lionne, dont le mari était mort depuis peu ; un éléphant, trois chameaux, l'un blanc de lait, les deux autres gris et beaucoup plus hauts que l'éléphant ; un daim africain, animal farouche, mais rempli de vivacité et agréablement tacheté ; une très-grande renne, plusieurs léopards, un ours, et une grande variété de singes. La collection des oiseaux est encore plus complète ; on en compte un grand nombre des Indes orientales.

Dans l'Académie des Arts, située dans la nouvelle ville, il y a des antiques précieux et quelques curiosités, entre autres un S^t.-Jean en mosaïque, d'après un tableau de Raphaël. On lit au-dessus l'inscription suivante :

Imaginem S. Johannes
ex Italia advenam
in rarum raræ industriæ humanæ
Monumentum
hanc collocari jussit
Fredericus II. Hessiæ Landgr.
An. M. DCC. LXV.

Mais cet art de copier des tableaux en mosaïque a été, m'a-t-on dit, singuliérement perfectionné à Rome depuis ce tems.

Dans le vestibule on remarque une tige de laurier, avec cette inscription placée derrière sur la muraille :

Quæ
Per octo Principum callorum ætatis
in amœnis incliti Cassel
viridarii spatium floruit

Laurus,
Alt. circiter LIV, *lat.* IV. *ped. Rhenum*
ad tempora heroüm
Serenissimæ Domus Hessiæ
coronis cingenda
senio sed non imploris emortua est;
ne verò tota periret
arbor Apollini sacra
truncum in museo servari jussit
Fredericus II. H. L.
A. M. DCC. LXIII.

On montre aussi une épéc qui fut consacrée par le Pape et envoyée à un des Princes de cette famille, lors de son départ pour la Terre-Sainte. Sans doute cette arme sacrée fit un grand ravage parmi les infidèles ; cependant quoiqu'elle ait une apparence très-vénérable, elle semble avoir été peu portée.

On a élevé dernièrement, près du vieux château, une colonnade destinée à son ornement, quoique d'un style d'architecture très-différent. La légèreté de sa forme contraste, d'une manière frappante, avec cet édifice gothique.

Un escamoteur vint il y a quelque tems à Cassel ; entre autres faits merveilleux, il prétendait pouvoir avaler et digérer des pierres. Un officier Hessois se promenant devant le château avec un Anglais, lui demanda ce qu'il pensait de la belle colonnade. Elle est très-belle, à la vérité, répondit l'étranger ; mais si vous prenez intérêt à sa durée, ayez soin de ne pas laisser venir l'escamoteur ici avant son déjeûner.

Ce que les Etats du Landgrave offrent de plus digne de l'admiration des voyageurs, c'est le temple gothique et les cascades de Wasenstein. Il n'y avait originairement dans ce lieu qu'un vieil édifice qui servait de rendez-vous de chasse aux Princes de cette maison. Il est situé au pied d'une haute montagne, et a été agrandi et embelli à différentes fois. Le grand-père du Landgrave actuel, dont le goût égalait la magnificence, forma, sur le côté de la montagne opposé au château, une suite de cascades artificielles, et fit exécuter d'autres ouvrages hydrauliques du plus noble style qu'on puisse imaginer. Les principales cascades sont entre deux escaliers de larges pierres noires dont le grain est uni et serré, et qui ont été amenées d'une montagne très-éloignée. Chacun de ces escaliers est composé de huit cents marches, qui mènent au sommet de la montagne. Quand les eaux jouent, ces escaliers forment une suite de petites cascades. En descendant, on trouve successivement quatre plate-formes , et sur chacune d'elles un grand bassin , des grottes et des cavités ornées de coquillages et de statues de Naïades et d'autres divinités de la mer ; la grotte de Neptune et d'Amphitrite est sur-tout remarquable par l'invention et l'exécution. L'eau s'élance du sommet de la montagne, soit en cascades détachées, soit en nappes qui forment de larges miroirs de crystal. Dans un endroit elle se brise sur un énorme rocher artificiel ; quelques fontaines aussi élèvent l'eau en colonnes de cinq à six pouces de diamètre à une hauteur considérable. Toutes ces eaux produisent un très-bel effet lorsqu'on les regarde du bas de la montagne ; mais je n'ai pu jouir de cette vue , car depuis que nous sommes à Cassel la gelée a été continuelle ; et lorsque j'ai visité Wasenstein , la terre était couverte de neige. Cependant je montai les escaliers jusqu'au sommet , quoique je prévisse la difficulté que j'eus effectivement à les descendre.

Sur la partie la plus haute de la montagne on a élevé un temple gothique, et sur le faîte de ce temple un obélisque, terminé par une statue colossale d'Hercule appuyé sur sa massue, et dans l'attitude de l'Hercule Farnèse. Cette figure est de cuivre et a trente pieds de haut. Il y a un escalier dans la massue par lequel un homme peut monter et découvrir tout le pays d'une fenêtre pratiquée au sommet.

Au total Wasenstein est certainement le plus superbe ouvrage de cette espèce que j'aye jamais vu ; aussi m'a-t-on assuré que l'Europe entière n'offre rien qui l'égale ; l'exécution n'en a point l'air moderne, et ramène plutôt à l'idée de l'ancienne magnificence romaine. Nous comptons partir dans quelques jours pour Brunswick. Je ne fermerai ma lettre qu'à Gottingue, où nous ferons probablement un court séjour.

P. S. Le Duc et moi prîmes hier congé de la cour et de nos amis, et effectivement nous sommes partis de Cassel ce matin ; mais nous avons trouvé les routes si complètement submergées par la crue extraordinaire de la Fulde, que nous avons été obligés de revenir. Un grand dégel qui a fondu la neige et la glace il y a quelques jours, a occasionné cette crue et rendu les routes impraticables.

Ayant pris congé, nous n'avons pu reparaître à la cour, mais nous avons dîné avec les officiers ; et comme l'époque de notre arrivée à Gottingue devient incertaine, je fais partir cette lettre ce soir.

LETTRE XXXVI.

Brunswick.

Aussitôt que les routes furent praticables, nous quittâmes Cassel, et après avoir surmonté quelques difficultés et couru quelques dangers, nous arrivâmes à Minden ; cette ville est située dans une vallée où la Fulde se réunit à une autre rivière, et prend le nom du Weser.

La ville de Minden semble exposée aux inondations, car, long-tems avant d'y entrer, nous trouvâmes la route submergée, et les rues voisines de la rivière l'étaient également.

Nous fûmes la même nuit à Gottingue, ville bien bâtie, parfaitement propre, et située dans un beau pays. L'Université que Georges II y a fondée jouit d'une très-grande réputation : nous ne fîmes qu'un court séjour à Gottingue, et nous sommes depuis un mois à Brunswick.

Le duc d'Hamilton, attendu ici depuis quelque tems, a été reçu par cette cour avec toute la politesse et toute la considération possibles. On l'a pressé d'accepter un logement à la cour, mais il a refusé : nous couchons dans des logemens particuliers, et nous dînons, passons la soirée et soupons constamment à la cour, excepté deux jours de la semaine où nous dînons avec le prince héréditaire et la princesse dans leurs appartemens.

La maison de Brunswick-Wolfenbuttel ne doit pas son plus grand lustre à son antiquité, ni à l'honneur d'avoir donné des impératrices à l'Allemagne et des souverains à l'Angleterre, mais plutôt à quelques personnages encore existans qui lui appartiennent.

Le duc régnant a un ton de conversation, des mœurs et un caractère qui, dans un rang inférieur, le feraient appeler un bon et digne homme.

La duchesse est la sœur favorite du roi de Prusse ; elle aime l'étude avec passion, et s'attache sur-tout à la métaphysique qui, heureusement, loin d'ébranler sa foi , a confirmé sa croyance dans le christianisme.

La gloire militaire et le caractère public du prince Ferdinand sont assez connus de toute l'Europe : dans la vie privée , il est d'une politesse cérémonieuse , aime l'éclat et la magnificence , et porte à l'excès le soin de sa parure.

Il a resté à la cour de son père depuis que le duc d'Hamilton est à Brunswick , mais il passe ordinairement l'été à la campagne.

Le prince héréditaire servait sous son oncle pendant la dernière guerre. Il commanda alors divers détachemens à l'armée : l'activité , le courage , la soif de gloire qu'il montra constamment n'obtinrent pas toujours le même succès ; mais le tems , l'étude et la réflexion ont calmé depuis cette ardeur impétueuse , et s'il reparaît sur le champ de bataille comme général , on imagine que sa prudence , sa politique et son jugement seront aussi remarquables que l'étaient son énergie et son audace. A présent il a le rang de lieutenant-général dans le service du roi de Prusse , et le commandement de la garnison d'Halberstadt.

Je ne dirai rien de la princesse sa femme ;

son caractère franc et enjoué est trop bien connu en Angleterre, et son affection pour sa patrie n'a point été affaiblie par l'absence.

Le prince Léopold est un très-aimable jeune homme ; il paraît sincèrement attaché au duc d'Hamilton, et s'est lié intimément avec lui.

La princesse Augusta se fait aimer généralement par sa bonté et son caractère obligeant. Excepté deux jours de la semaine ces illustres personnes dînent et soupent toujours ensemble ; et avec les officiers étrangers nous sommes vingt ou trente à table.

Dans la soirée, l'assemblée est plus nombreuse ; il y a ordinairement un vingt-un : la duchesse préfère ce jeu parce qu'il rassemble un plus grand nombre de personnes. Le duc régnant et le prince Ferdinand se réunissent toujours à cette partie.

La princesse héréditaire arrange un quadrille pour elle : son mari ne joue jamais ; mais ces parties sont seulement considérées comme un moyen de passer le tems : le jeu de la duchesse sur-tout est très-modéré. Il faut être malheureux pour perdre plus de dix louis dans la soirée ; ainsi nous pouvons jouer sans danger tant que nous resterons dans cette cour.

Une des ailes du palais est occupée par la famille du prince héréditaire; il a maintenant trois fils et autant de filles, et tous ont ce beau teint, cette fraîcheur qui distinguent la maison de Brunswick.

J'accompagnai, il y a quelques jours, le prince Léopold et le duc d'Hamilton chez le duc Ferdinand, qui était alors dans une maison de campagne à six milles de cette ville. C'est dans cette retraite qu'il passe la plus grande partie de son tems. Il aime les jardins avec passion, et s'occupe maintenant à disposer un terrain dans ce qu'on appelle le goût anglais.

Son altesse conduisit le Duc autour du parc, et lui montra ses plans et ses embellissemens; mais un obstacle insurmontable s'opposera toujours à ses projets. La surface du pays est une plaine monotone et à laquelle il est impossible de donner de la variété et du mouvement.

La maison est entourée de fossés, et contient un grand nombre d'appartemens. Les murailles de chaque chambre sont couvertes de gravures depuis le plafond jusqu'au plan-

cher. Il n'en existe peut-être pas une collection aussi complète dans le monde entier.
Tandis que le prince Ferdinand jouait au
billard avec le duc d'Hamilton, je restai à
examiner les gravures avec le prince Léopold.
Je ne pus m'en rappeler une bonne sans la
retrouver là.

Son altesse me dit qu'une collection de bons
tableaux étant également difficile et dispen-
dieuse à acquérir, il avait préféré rassembler
des choses supérieures dans leur espèce à
d'insipides peintures. Mais, ajouta-t-il avec
un sourire, tous les appartemens supporta-
bles sont maintenant tout à fait remplis, et
j'ai reçu dernièrement une collection de gravures anglaises ; elles m'obligeront à bâtir,
car je suis habitué à donner toujours un poste
honorable aux anglais.

On nous avait invités à déjeûner, mais le
repas fut un magnifique dîner, servi seulement un peu plutôt qu'à l'ordinaire. Il n'y
avait que six personnes à table. Le nombre
de gens employés au service aurait suffi pour
trente. Le prince, qui est toujours d'une extrême politesse, fut ce jour là d'une gaieté
et d'une affabilité remarquables. Il proposa

des toasts selon la coutume anglaise , et commença par nommer le général Conway : il porta ensuite la santé de sir H. Clinton , et successivement celles de quelques officiers anglais.

Vous imaginez bien que je fus très-flatté d'avoir cette occasion d'observer, dans sa vie privée , une personne qui a joué un rôle si distingué en Europe. Comme il n'a pas repris de service en Prusse , et qu'il semble se livrer aux amusemens de la campagne et à la société de quelques amis , on pense que, loin de chercher à diriger encore les affaires publiques , il veut se reposer sur les lauriers qu'il a si abondamment cueillis pendant la dernière guerre.

LETTRE LV.

Brunswick.

La ville de Brunswick est située dans une plaine sur les bords de l'Ocker. En général les maisons sont vieilles, mais on a élevé dernièrement beaucoup de nouveaux bâtimens, et la ville s'embellit tous les jours.

Les fortifications ont attiré, sur beaucoup
de villes d'Allemagne, de nombreuses calamités, ayant plutôt servi à irriter la vengeance
des ennemis qu'à les défendre. Aussi Cassel et
quelques autres villes anciennement fortifiées,
sont démantelées ; mais les fortifications de
Brunswick furent réellement d'une grande utilité pendant la dernière guerre. Elles sauvèrent
la ville du pillage et fournirent au prince Frédéric, à présent au service de Prusse, l'occasion d'exécuter une action dont le succès
dut le flatter davantage que vingt victoires.
Cet événement arriva en 1761, peu après la
bataille de Kirchdenken. Alors le duc Ferdinand protégeait Hanovre, non pas en tenant
son armée dans ce pays et en le défendant
directement, comme l'ennemi semblait s'y
attendre, et probablement le désirait, mais
en attaquant avec de forts détachemens,
commandés par le prince héréditaire, ses
magasins dans le pays de Hesse, et en dé-
tournant ainsi son attention d'Hanovre pour
la porter ailleurs. Tandis que le Duc restait
campé à Willhemstadt, et veillait sur les
manœuvres de l'armée de Broglio, le maréchal se voyant fort supérieur en nombre,

envoya un corps de vingt mille hommes sous le commandement du prince Xavier de Saxe, qui prit possession de Wolfenbuttel, et bientôt après investit Brunswick.

Le prince Ferdinand, désirant sauver la ville où il était né, se hasarda à détacher cinq mille hommes de son armée, toute légère qu'elle était, et confia ces troupes à son neveu Frédéric, secondé par le général Luckner. Il lui donna ordre de chercher à faire lever le siége en fatigant continuellement l'ennemi. Le jeune prince, pendant sa marche, envoya au gouverneur, un soldat chargé d'une lettre chiffonnée autour d'une balle : il devait avaler cette dépêche dans le cas où il serait pris par l'ennemi; mais il eut la bonne fortune d'entrer dans la ville sans avoir été découvert. La lettre apprit au commandant de la garnison l'approche du prince, qui indiquait la nuit et l'heure où il espérait être à un certain lieu près de la ville, et demandait que l'on favorisât son entrée.

Au milieu de la nuit fixée, le prince tomba soudainement sur la cavalerie de l'ennemi qui, ne soupçonnant point sa marche, était campée négligemment à un mille de la ville. Elle fût dispersée sur le champ, et répandit une telle alarme parmi l'infanterie, que l'armée se retira avec une perte considérable.

Le jeune prince entra le matin de bonne heure dans Brunswick, et il fut reçu avec transport par ses concitoyens qu'il venait de délivrer des horreurs d'un siége. Le prince héréditaire ayant détruit les magasins français dans le pays de Hesse, avait été rappelé par son oncle, et avait reçu l'ordre d'essayer de délivrer Brunswick. Il s'avança avec toute la promptitude possible ; mais à quelques lieues de la ville il apprit que le siége était levé, et en arrivant au palais de son père, il trouva son frère Frédéric à table avec les officiers français qui avaient été faits prisonniers la nuit précédente.

Le prince héréditaire a établi l'Université de Brunswick sur un nouveau modèle, et a perfectionné le plan d'éducation. Il vient, à cette Université, des étudians de toutes les parties de l'Allemagne : on y envoie même quelques jeunes gentilshommes anglais. Ceux d'entre eux qui se destinent à l'état militaire, ne trouveraient, dans aucune autre ville, autant d'avantages réunis. Ils sont ici sous la protection d'une famille qui a toujours marqué de la prédilection pour la nation anglaise. Leur éducation n'est confiée qu'à des maîtres de talens connus. En outre, ces jeunes étudians voient exécuter régulièrement le service de la garnison, et peuvent, par la médiation du prince, obtenir la permission de suivre les revues des troupes prussiennes à Berlin et à Magdebourg. Ils sont exposés à peu de tentations dans cette ville, où aucun exemple d'extravagance ne s'offre à eux, et où ils rencontrent peu d'occasions de dissipation.

J'ai été dernièrement passer un jour à Wolfenbuttel, qui est aussi une ville fortifiée, et l'ancienne résidence de cette famille. La bibliothèque publique est reconnue comme une des plus complètes de l'Allemagne, et elle contient beaucoup de manuscrits curieux. On nous montra quelques lettres de Luther, et d'autres pièces originales de la main de ce réformateur.

Après avoir dîné avec M. Riedesel, qui commande un régiment de cavalerie dans cette ville, je revins par Saltzdahlen, seul palais que j'aie jamais vu bâti presque entièrement en bois. On y trouve cependant quelques appartemens très-magnifiques, et une belle galerie de tableaux, dont quelques-uns sont fort estimés par les connaisseurs. Je ne chercherai point à empiéter sur les droits de ces Messieurs en donnant mon avis sur le mérite ou les défauts de ces tableaux, quoique j'aie entendu souvent des gens aussi ignorans que moi parler peinture de la manière la plus dogmatique. Les mots contours, attitudes, jeu de draperies, costume, passion, manière, groupe, trait, clair-obscur, harmonie et repos, coulaient de leur bouche avec une volubilité qui arrachait l'admiration de tous ceux qui ne devinaient pas que toute la science de ces Messieurs, dans les beaux arts, consistait dans l'usage libéral de ces termes.

Comme je ne suis point initié dans les mystères avec lesquels il est nécessaire d'être familier pour mériter le titre de connaisseur, je ne dirai rien des tableaux, et j'oserai seulement observer que la galerie qui les contient est noble et belle. Elle a deux cents pieds de long, cinquante de large, et quarante de haut.

Il y a aussi, dans ce palais, un cabinet de porcelaine de la Chine, contenant, dit-on, sept ou huit cents pièces ; et dans un autre cabinet plus petit, on nous montra une collection d'assiettes grossières, mais dont le mérite est d'avoir été peintes d'après les dessins de Raphaël.

La campagne est agréable dans les environs de Brunswick. Je pris plaisir sur-tout à voir les habitations de quelques gentilshommes, situées près de cette ville ; car, c'est une vue qu'on rencontre rarement en Allemagne, où, en évitant les cours et les grandes villes, on peut parcourir une grande étendue de pays sans apercevoir l'habitation d'aucun homme d'un état intermédiaire entre le prince et le paysan.

J'ai passé la journée d'hier très-agréablement, à quatorze milles de Brunswick, dans la maison de M. Westphalen. Ce gentilhomme suivit le prince Ferdinand dans la dernière guerre, comme son secrétaire particulier : il remplit cet emploi d'une manière si satisfaisante, qu'il conserve encore la confiance et l'amitié du prince. M. de Westphalen a écrit l'histoire de cette mémorable campagne, dans laquelle son patron eut le commandement de l'armée alliée, et déconcerta tous les efforts de la France en Westphalie. Quoique cet ouvrage soit fini depuis long-tems , sa publication a été retardée jusqu'ici par des raisons politiques : il doit cependant paraître un jour , et l'on assure qu'il est écrit de main de maître. Il est réellement impossible d'en douter lorsqu'on a pu observer la pénétration et la sagacité de l'auteur. Il fut présent aux scènes qu'il décrit , et il connaissait les secrètes intentions du général , dont il a probablement eu le secours pour finir cet ouvrage.

LETTRE LVI.

Brunswick.

Nous avons eu ici , dernièrement , quelques bals masqués. La cour n'y va pas en procession comme à Cassel. Chacun peut aller de la manière et à l'heure qui lui conviennent.

Il y a dans la salle de bal une galerie pour la famille régnante , où elle s'assied quelquefois , sans masques , et s'amuse à regarder les danseurs ; mais , en général , elle vient masquée , et se mêle familièrement dans l'assemblée.

Je ne suis pas surpris que les Allemands,
sur-tout ceux d'une haute naissance, aiment
les bals masqués avec passion ; car ils sont
tellement harassés par le cérémonial et l'étiquette, tellement gênés par la distance que la
naissance met entre eux et des gens pour qui
cependant ils auraient de la considération,
qu'ils doivent saisir avec empressement toutes
les occasions de prendre le masque et le domino, afin de pouvoir goûter les plaisirs d'une
conversation familière, et d'une gaieté sans
contrainte. J'ai eu une fois l'honneur de dîner
avec le duc d'Hamilton chez un officier général ; sa sœur faisait les honneurs de sa maison,
et le Duc exprima son étonnement de ne
l'avoir jamais vue à la cour. On lui répondit
qu'elle ne pouvait y paraître parce qu'elle
n'était pas noble. Cette dame, cependant,
recevait chez elle des visites de son souverain
et des familles les plus distinguées, et tous
regrettaient que la coutume établie dans le
pays, éloignât de la cour une personne dont
ils estimaient le caractère.

Le rang du général dans l'armée, était un
passe-port suffisant pour lui, mais il ne servait
nullement à sa sœur ; car cette étiquette est

observée avec rigidité pour les personnes originaires d'Allemagne, quoiqu'elle soit souvent éludée pour les étrangers, sur-tout pour les Anglais, qui sont supposés avoir moins d'égard à la naissance et aux titres qu'aucune autre nation.

Les divertissemens publics de toute espèce sont maintenant suspendus pour quelque tems, et la cour est à présent très-peu nombreuse. Le duc Ferdinand réside habituellement à la campagne, et le prince héréditaire est parti depuis quelques jours pour Halberstadt, où il restera au moins un mois, afin de préparer la garnison et son propre régiment aux grandes revues qui doivent avoir lieu. L'activité, l'exactitude, et la plus scrupuleuse attention à la discipline, sont nécessaires dans ce service. Sans ces qualités, la partialité du roi pour le prince, ni même les liens du sang ne pourraient lui conserver la faveur de son oncle. Le courage et les talens personnels sont les seuls moyens d'acquérir et de s'assurer la faveur de ce monarque sévère et pénétrant.

Le jeune prince Léopold a quitté aussi la cour; il va directement à Vienne, et l'on pense qu'il a le projet d'offrir ses services à

l'empereur d'Autriche , et de se dévouer en-
tiérement à ses armes s'il reçoit quelque en-
couragement (1). Alors la première guerre le
mettrait probablement en opposition avec ses
deux frères ; mais cette considération paraît
peu importante en Allemagne où des frères
hésitent aussi peu à entrer dans des services
différens que chez nous à se placer dans des
régimens différens. La plus étroite amitié a
toujours existé entre ce jeune homme et sa
sœur , dont les pleurs ont coulé presque sans
interruption depuis son départ.

(1) Le prince Léopold n'entra pas au service autrichien , mais
après avoir visité Vienne et fait le voyage d'Italie , il revint à Brunswick. Son oncle , le roi de Prusse , lui offrit bientôt après le commandement d'un régiment, qu'il conserva jusqu'au printems de 1785.
Etant alors témoin du ravage occasionné par l'inondation d'une
rivière, sans écouter les prières de ceux qui cherchaient à le dissuader
d'une entreprise si hasardeuse , il se jeta dans une petite barque avec
trois bateliers, pour secourir les habitans d'un village entouré par les
eaux. Mais avant qu'il eût pu les atteindre, la barque fut poussée
avec violence contre un arbre, et renversée ; les trois bateliers se
sauvèrent, et cet aimable Prince seul , emporté par l'impétuosité du
courant, périt à la vue de ceux qu'il voulait délivrer, donnant par
sa mort un héroïque exemple de cette bienveillance dont sa vie
entière avait déjà fourni tant de preuves.

M. *Northcote* , cet ingénieux artiste , qui a peint avec tant de
succès la délivrance merveilleuse du capitaine Inglefled, a fini depuis,
avec une énergie égale ou même supérieure , un tableau qui représente la mort du prince Léopold de Brunswick.

La mère supporte ce malheur avec plus de résignation ; cependant il est facile de remarquer sa douleur. Indépendamment des regrets que lui cause l'absence de son fils, elle est affligée de le voir s'attacher à un parti qui peut l'exposer à combattre son frère, pour qui elle montre la plus vive affection et la plus haute admiration. Je ne fus pas surpris de l'entendre parler de lui comme du plus grand homme vivant ; mais elle comprit ensuite, dans son éloge, les qualités du cœur, et l'appela le meilleur des hommes, l'ami le plus solide et le frère le plus tendre. En cela elle ne s'accorde pas avec l'opinion générale ; mais comme elle le juge d'après sa propre expérience, sa façon de penser est fondée sur de justes motifs, car le roi lui a toujours montré un profond respect et une tendresse invariable.

Le départ du prince Léopold a fait revivre l'affliction dont la fin prématurée de deux de ses fils avait accablé cette princesse. L'un est mort dans le camp des Russes, à la fin de la campagne de 1769, pendant laquelle il avait servi avec distinction comme volontaire. L'autre a été tué dans une escarmouche, vers la conclusion de la dernière guerre. Ayant reçu une balle dans le gosier, il ne survécut que quinze jours à cette blessure, et fut vivement regretté par l'armée, qui avait une haute idée du mérite naissant de ce brave jeune homme.

Il écrivit à sa mère le jour de sa mort. Par cette lettre il montre le regret d'avoir été si promptement arrêté dans la carrière de l'honneur, et s'afflige de n'avoir pas été tué dans une bataille mémorable, qui aurait sauvé son nom de l'oubli, ou en exécutant quelque action hardie, digne de l'esprit martial de sa famille. Cependant il paraît se reposer avec satisfaction sur cette pensée que sa mémoire sera chère à quelques amis, et exprime la certitude de vivre toujours dans l'affection de sa mère ; il la remercie avec reconnaissance de sa tendresse et de ses soins, et finit par ces mots que je traduis aussi exactement que je peux le faire de souvenir, car je priai la Duchesse de me les répéter, mais ce fut avec difficulté et le visage baigné de larmes qu'elle les prononça une seule fois : « Je ne vois plus... » mes yeux s'obscurcissent... heureux d'avoir » employé leur dernière lumière à exprimer » mon respect à ma mère. »

LETTRE LVII.

Hanovre.

LE duc d'Hamilton voulant rendre ses devoirs à la reine de Danemarck avant de quitter le pays, a préféré faire cette visite pendant le séjour de la princesse héréditaire près de sa sœur. Je l'ai accompagné à Zell. Le jour d'après notre arrivée, je fus chez le comte et la comtesse Dean, pour leur apprendre l'arrivée du Duc, et savoir quand nous pourrions avoir l'honneur d'être présentés à la Reine. Ils appartiennent l'un et l'autre à la famille de la princesse de Brunswick. Tandis que j'étais à déjeûner avec eux, son Altesse royale entra dans la chambre, et je reçus d'elle les informations dont j'avais besoin.

Je retournai avec le Duc au château avant dîner, et nous y restâmes jusqu'à une heure avancée dans la soirée. Il y eut concert entre le dîner et le souper, et la Reine montra plus de gaieté qu'on ne pouvait l'espérer.

Zell est une petite ville sans commerce et sans manufactures ; les maisons sont vieilles

et n'ont qu'une misérable apparence. Cependant les hautes-cours d'appel , pour tout le
territoire de la maison électorale de Bruns-
wick-Lunebourg , sont tenues ici , et c'est à
cela que les habitans doivent leurs principaux
moyens de subsistance.

Au commencement de la dernière guerre
cette ville fut fréquemment inquiétée par l'armée française , qui la pilla ensuite pour se
venger de l'infraction prétendue du traité de
Closter-Seven.

Le duc de Richelieu avait son corps d'armée
près d'ici , tandis que le duc Ferdinand ras-
semblait les troupes qui avaient été désarmées
et dispersées immédiatement après cette con-
vention.

Le château est un superbe édifice , entouré
d'un fossé et bien fortifié. Les ducs de Zell y
résidaient autrefois. Il a été réparé dernièrement par l'ordre du roi de la Grande-Bretagne,
pour la résidence de son infortunée sœur. Les
appartemens spacieux et commodes , sont à
présent élégamment meublés. Les officiers de
la cour , les filles d'honneur de la reine et les
autres personnes de sa suite , ont une très-
bonne apparence , et conservent pour leur

malheureuse maîtresse le plus respectueux attachement.

Nous sommes restés peu de jours à Zell, et nous les avons passés entièrement à la cour, qui semble modelée sur les autres petites cours d'Allemagne, et où l'on a rassemblé tout ce qui peut rendre la situation de la reine aussi heureuse que les circonstances le permettent. Mais c'est dans la société et la conversation de sa sœur qu'elle trouve sa plus grande consolation ; quelques marques de plaisir reparaissent sur sa physionomie lorsque la princesse est à Zell ; mais aussitôt qu'elle part, la reine retombe dans l'abattement et le désespoir. Pour prévenir ce mal, la princesse dévoue à sa sœur tout le tems qu'elle peut dérober à sa propre famille, et loin de suivre l'exemple de ces égoïstes qui saisissent le premier prétexte pour rompre des liens qui ne peuvent plus leur être d'aucun avantage, elle a montré à sa sœur, depuis ses malheurs, un attachement plus tendre que lorsqu'elle était au plus haut point de prospérité.

La jeunessse, la physionomie agréable et les manières obligeantes de la reine lui ont concilié tous les esprits dans ce pays. Quoi-

qu'elle fût en parfaite santé et parût assez enjouée, cependant, convaincu que sa gaieté
était affectée et l'effet d'un violent effort sur
elle-même, j'éprouvai une impression de mé-
lancolie qu'il me fut impossible de surmonter
pendant tout mon séjour à Zell.

De cette ville nous sommes venus à Hanovre, et le soir de notre arrivée nous avons eu
le plaisir d'entendre exécuter le messie d'Han-
del. Quelques personnes de la meilleure compagnie s'étaient rassemblées pour cette occasion, et l'on nous fit connaître au vieux maréchal Sporken et à d'autres gens de distinction.

Hanovre est une ville agréable et commer-
çante ; elle a plus l'apparence anglaise qu'aucune autre ville d'Allemagne. Chaque jour
aussi les mœurs et les usages d'Angleterre s'y
introduisent davantage ; l'influence de la liberté s'est étendue jusqu'ici. Les physionomies
des habitans sont animées par un air d'aisance
et de satisfaction.

Cette ville est fortifiée régulièrement ; tous
les ouvrages sont en bon état, et les troupes
sobres et exactes dans leur service, quoique
la discipline soit moins sévère que dans quelques autres parties de l'Allemagne. Le maré-

chal Sporken, qui commande l'armée, a beaucoup d'humanité. Les crimes réels des soldats
sont punis par une cour martiale ; mais il est
défendu de les maltraiter pour des bagatelles.
Les officiers n'ont pas le libre usage de leurs
cannes. Le caprice se mêle souvent à ce genre
de punition, et les hommes dont le caractère
est cruel satisfont leur penchant sous prétexte
d'un zèle ardent pour la discipline.

L'infanterie hanovrienne n'est pas d'une si
haute stature que plusieurs autres troupes allemandes, parce que personne n'est forcé d'y
entrer. Les soldats sont tous volontaires, au
lieu que dans d'autres parties de l'Allemagne
les princes enlèvent les paysans remarquables
par leur taille et distingués par leur bravoure,
et les obligent de devenir soldats. On avoue
cependant que dans l'action aucunes troupes
ne combattent mieux que les hanovriennes, et
il est certain que la désertion n'est pas si fréquente parmi elles. A quelle cause l'attri-
buera-t-on, si ce n'est à la liberté qu'on leur
laisse pour entrer au service, et à la douceur
avec laquelle on les traite pendant sa durée?

Il n'est pas à la mode maintenant ici de
mettre tant d'importance aux petites négli-

gences de tenue qu'autrefois. En général les officiers semblent mépriser beaucoup de minutics qui sont observées rigoureusement dans d'autres services. On ne saurait croire à quel ridicule excès cette exactitude est souvent portée. A une certaine parade, où le souverain lui-même était présent et environné de beaucoup d'officiers, je vis un officier général, d'un embonpoint énorme, tressaillir soudainemeut, comme s'il eût aperçu quelque chose de surnaturel ; il courut vers les rangs avec autant de promptitude qu'il pùt, mais non sans décrire plus d'un zig-zag. Je ne pouvais imaginer ce qui avait donné à son excellence une commotion si peu convenable à son âge et à ses habitudes de corps. Tous les spectateurs, surpris comme moi, attendaient sur la pointe du pied l'issue de ce phénomène. Enfin il arriva aux rangs, et avec un courroux probablement augmenté par la chaleur que sa course lui avait causée, il ôta à un des soldats son chapeau, qui n'était pas très-proprement retroussé, et l'ajusta à sa fantaisie. Après avoir réglé ce point important de discipline militaire, il revint à la droite du prince avec une démarche qui annonçait le plus grand contentement de lui-même.

J'ai été me promener à Hernhausen deux jours après notre arrivée. Une magnifique avenue conduit à la maison, qui n'a rien d'extraordinaire ; les jardins sont aussi beaux que des jardins dessinés dans le goût hollandais et sur un terrain uni, peuvent l'être ; l'orangerie égale les plus belles de l'Europe. On a aussi construit un théâtre d'été fort agréable. L'amphithéâtre est formé par des bancs de gazon, et les coulisses par des rangs d'arbres. Un grand nombre de berceaux et de cabinets d'été, entourés de haies très-élevées, sont destinés aux acteurs, qui peuvent s'y retirer et s'y habiller.

Lorsque l'on illumine, ce que l'on fait toujours pour les bals masqués, l'effet doit être très-beau, les bosquets, les berceaux et les labyrinthes sont admirablement calculés pour cet amusement.

Outre plusieurs réservoirs et fontaines, il y a d'un côté de ces jardins un canal de plus d'un quart de mille de longueur. Je n'ai pas vu le fameux jet d'eau, parce qu'il n'a pas joué depuis que je suis ici. Au total nous passons notre tems très-agréablement. Nous avons dîné deux fois avec le baron de Leuth, qui a

la principale direction des affaires de cet électorat, et nous avons rencontré chez lui les
principaux habitans. Je fais tous les soirs la
partie de whist du maréchal Sporken, et c'est
dans sa maison que je vais le plus habituellement.

Le duc d'Hamilton ayant promis à quelques
personnes de retourner à Brunswick, un certain jour, nous partons demain ; mais nous
avons pris l'engagement de revenir à Hanovre
avant d'aller à Berlin.

LETTRE LVIII.

Hanovre.

Nous sommes de retour dans cette ville
depuis dix jours, après un séjour d'une semaine
à Brunswick, où il ne reste plus à la cour,
que le duc, la duchesse et la jeune princesse
leur fille.

Dans toutes les cours le caractère du souverain a beaucoup d'influence sur le goût et
les mœurs des courtisans. Mais cette influence
doit agir avec encore plus de force dans les petites cours d'Allemagne, où les courtisans sont

plus rapprochés du prince, et passent avec lui
une grande partie de leur tems. Le plaisir que
la duchesse de Brunswick prend à l'étude , a
mis la lecture très à la mode parmi les dames
de cette cour. Son Altesse royale me raconta
un exemple curieux de leur goût pour l'instruction , la dernière fois que j'eus l'honneur
de la voir.

Une dame dont l'éducation avait été négli-
gée pendant sa jeunesse , et qui était arrivée
à un âge très-mûr sans s'apercevoir que cela
eût le moindre inconvénient , obtint , par le
crédit de ses parens , une place à la cour de
Brunswick ; bientôt elle découvrit que la conversation , dans les appartemens de la Duchesse , tournait fréquemment sur des sujets
qu'elle ne comprenait pas , et que la Duchesse
écoutait avec intérêt les femmes à qui ils étaient
plus familiers. Elle regretta , pour la première
fois , qu'on eût donné si peu de soin à son
éducation , et quoiqu'elle eût jusques-là considéré l'espèce de science produite par la lecture comme très-peu convenable à une femme
de qualité , elle résolut d'étudier avec ardeur,
afin de pouvoir parvenir promptement au plus
haut point de la mode.

Elle fit part de cette résolution à la Duchesse, et la pria en même tems de vouloir
lui prêter un livre pour commencer. La Duchesse applaudit à son projet, promit de lui
envoyer un des livres les plus utiles, de sa
bibliothèque, et lui fit remettre un diction-
naire français et allemand. Quelques jours
après son Altesse lui demanda si le livre lui
plaisait. Infiniment, répondit la studieuse
dame : c'est l'ouvrage le plus délicieux que
j'aie jamais lu, les phrases sont courtes, faciles
à entendre, et les lettres arrangées d'une
manière charmante, comme les soldats à la
parade. J'ai vu d'autres livres où elles étaient
mêlées ensemble d'une manière si confuse
qu'il était peu amusant de les regarder, et
très-difficile de savoir ce qu'elles signifiaient.
Mais, ajouta-t-elle, je ne suis plus surprise
maintenant du plaisir que votre Altesse royale
trouve dans l'étude.

Depuis notre retour ici nous avons dîné
deux fois au palais. La maison est aussi nombreuse, et la garde montée avec autant d'exactitude que si l'électeur résidait encore constamment dans cette ville. Les pages portent
la même livrée que celle du roi. Les étrangers

de distinction sont reçus au palais avec magnificence. Le premier dîner auquel j'ai assisté,
a été donné au duc d'Hamilton, et le second
au prince Georges de Hesse - Darmstadt, qui
est arrivé ici depuis quelques jours, avec le
prince Ernest et le prince Charles de Meck-
lenbourg, frères de la reine d'Angleterre, et
tous deux au service d'Hanovre.

Je passe toujours la plus grande partie de
mon tems chez le maréchal Sporken. La conversation d'un homme sage, qui a servi cinquante ans dans des grades élevés, et vécu
familièrement avec quelques-uns des personnages les plus distingués du siècle, est d'un
très-grand intérêt. Par lui j'apprends beaucoup
de faits de la dernière guerre, dont on a rendu
compte d'une manière différente ou contra-
dictoire. Ses observations sont toujours justes
et frappantes, et sa conversation libre et aisée.
Il servait avec le maréchal Daun, dans l'armée
alliée, opposée au maréchal de Saxe, en 1741,
et il a conservé le souvenir de beaucoup d'a-
necdotes curieuses qui font connaître le caractère des chefs chargés de commander les
armées pendant cette mémorable période. Il
a une très-haute opinion des talens militaires

du duc Ferdinand , et déclare que de tous les généraux sous lesquels il a servi, c'est le prince qui lui a paru le plus propre à commander une armée. Il dit que le prince Ferdinand ayant tenu peu de conseils de guerre et ne communiquant de ses plans aux généraux que celui qu'il fallait exécuter , il leur était difficile d'avoir une juste opinion de sa capacité , tant qu'ils restaient sous ses ordres immédiats. Mais lui , maréchal Sporken , avait quelquefois commandé des armées détachées. Le prince , forcé alors d'être plus communicatif, lui donnait de nombreuses preuves de la profondeur de son jugement. Il admirait sur-tout la clarté de ses instructions écrites , toujours accompagnées d'une description exacte et détaillée des pays par lesquels il devait marcher; des conjectures les plus judicieuses sur les desseins de l'ennemi et des moyens propres à en prévenir l'exécution.

Au total , le maréchal Sporken semble convaincu qu'une grande partie des succès des alliés pendant la dernière guerre en Westphalie , a été due à la prévoyance , à la prudence , et à la sagacité de leur général. Il assure cependant que les louanges qu'il donne aux talens militaires du duc Ferdinand , ne lui sont point inspirés par un attachement parti-culier pour sa personne , car loin de se croire favorisé de son amitié , un incident, arrivé au siége de Cassel , amena entre eux un mal entendu d'une nature à ne jamais être éclairci.

Les sentimens francs et généreux de cet homme vénérable , portent la conviction et commandent l'estime. Il est respecté généra-lement et écouté comme un oracle. On trouve habituellement parmi la société qui se rassemble chez le Maréchal , quelques personnes d'un âge rapproché du sien , que Georges II admettait dans son intimité , lorsqu'il venait visiter le pays où il était né. La mémoire de ce monarque est en grande vénération ici. J'ai entendu raconter , par ses contemporains , mille petites anecdotes qui montraient en même tems la bonté de ce roi et leur recon-naissance. D'après ces récits on doit conclure qu'il était naturellement d'un caractère affable, et qu'à la splendeur et à la réserve de la cour d'Angleterre , il substituait , quand il venait à Hanovre , les manières confiantes et familières que les princes prennent comme les autres hommes dans la société de ceux qu'ils aiment et dont ils sont aimés.

Non-seulement les amis personnels de ce monarque parlent de lui avec respect, les mêmes sentimens existent dans toutes les classes des habitans de l'électorat. Rien ne peut faire plus d'honneur à son caractère, ni être une preuve moins équivoque de son équité, que d'avoir gouverné les sujets sur qui il avait un pouvoir illimité, avec autant de justice et de modération que ceux dont les droits étaient défendus par la loi et la constitution.

Le séjour que j'ai fait à Hanovre a confirmé l'impression favorable que j'avais déjà reçue du caractère allemand.

Parmi les désagrémens qu'un voyageur peut éprouver, le plus pénible, à mon avis, c'est d'être obligé de quitter des connaissances lorsque vous avez découvert leur mérite et acquis leur amitié. La saison des revues prussiennes approchant, nous avons déjà pris congé de nos amis, et nous partirons demain matin pour retourner à Brunswick. Nous comptons y rester quelques jours et nous trouver encore à tems à Potzdam.

Je ne laisserai pas derrière moi toutes les connaissances précieuses que j'avais faites à Hanovre. A notre arrivée nous avions rencontré M. Fortescue , fils du lord Fortescue ; il a été constamment de toutes nos parties , et nous accompagnera à Brunswick et à Potzdam.

LETTRE LIX.

Potzdam.

Nous avons retrouvé à Brunswick la princesse héréditaire ; elle était revenue de Zell depuis quelques jours , et avait laissé la reine en parfaite santé. La princesse habite , avec ses enfans , une maison de plaisance à quelques milles de Brunswick. Elle invita le duc d'Hamilton , M. Fortescue et moi à dîner avec elle la veille de notre départ. Le matin de ce jour je fus par hasard me promener de très-bonne heure dans les jardins du palais. Je rencontrai le duc de Brunswick , et il m'apprit la mort de la reine de Danemarck , qu'un courier venait de lui annoncer. Quelques jours avant on leur avait écrit qu'elle avait été saisie d'une fièvre putride. Personne dans la ville ou à la cour , me dit le duc , ne savait ce triste événement. Il me pria de n'en point parler à la princesse , dont il prévoyait la douleur ; il comptait , lorsque les étrangers seraient retirés , lui envoyer une personne qu'il avait chargée de lui apprendre ce malheur.

En arrivant chez la princesse , nous la trouvâmes un peu inquiète de sa sœur , mais , cependant , assez joyeuse des nouvelles qu'elle avait reçues ce jour par la poste. Elle nous montra ses lettres qui contenaient une description générale de la maladie de la reine , et donnaient quelque espoir de guérison. Incapable de soutenir l'idée de la mort de sa sœur , elle prenait chaque expression dans le sens le plus favorable ; et tous ceux qui l'entouraient s'empressaient de confirmer son interprétation ; cette scène, pour moi qui savais la vérité , était aussi pénible que touchante.

En revenant à Brunswick nous rencontrâmes le gentilhomme chargé par le duc de communiquer la nouvelle de la mort de la reine à sa sœur. Nous soupâmes le même soir à la cour , et prîmes congé de cette illustre famille. La duchesse me donna une lettre pour son fils le prince Frédéric , alors à Berlin , et me dit qu'elle m'assurerait une bonne réception dans la capitale.

Nous trouvâmes, en rentrant à l'auberge, très-nombreuse compagnie ; la maison entière retentissait du bruit de la musique et de la danse. Il est d'usage dans toute l'Allemagne, lorsque les bourgeois se marient, de donner le festin de noce dans une auberge. Comme ces divertissemens ne nous promettaient pas beaucoup de repos pour la nuit, au lieu d'aller nous coucher nous demandâmes des chevaux de poste, et nous quittâmes Brunswick à trois heures du matin.

Nous arrivâmes dans la journée à Magdebourg. La route traverse un pays parfaitement uni. Le duché de Magdebourg produit de beau bétail et une quantité considérable de blé, les parties qui ne sont pas marécageuses, ou entièrement couvertes de bois, étant extrêmement fertiles. J'ai vu peu ou point de clôtures dans ce pays, et en général dans toute l'Allemagne, excepté celles qui entourent les jardins et les parcs des princes.

Le roi de Prusse siége à la Diète de l'Empire, comme duc de Magdebourg. La capitale, qui porte le même nom que le duché, est une ville très-considérable, bien bâtie, et solidement fortifiée. On y trouve des manufactures de toiles , de mousselines , de bas , de gants et de tabac ; mais les principales sont de draps et de soieries.

Les draps allemands sont en général très-inférieurs aux draps anglais et français. Cependant les officiers prussiens assurent que le drap gros bleu , fabriqué ici ou dans d'autres parties des états du roi de Prusse , quoique plus grossier , dure davantage , et a une apparence plus décente , lorsqu'il est porté long-tems , que le plus beau drap manufacturé en France ou en Angleterre.

La situation de la ville de Magdebourg est favorable au commerce : elle a une communication facile avec l'Elbe , et se trouve entre la haute et la basse Allemagne. C'est aussi la place la plus forte que possède le roi de Prusse : sa fonderie et ses principaux magasins y sont établis. En tems de guerre , c'est le dépôt de tout ce qu'il veut mettre hors d'atteinte.

Les lieux où il est arrivé un événement extraordinaire , même lorsqu'ils n'ont d'ailleurs rien de remarquable , m'intéressent davantage que le pays le plus florissant, ou la plus belle ville qui n'a jamais été la scène d'un fait mémorable. L'imagination , éveillée à la vue des premiers, donne à l'instant une fórme et des traits à des hommes que nous n'avons jamais vus. Nous les entendons parler, nous les voyons agir ; les passions sont enflammées, et l'esprit est amusé ; les maisons, les rivières, les champs environnans suppléent à l'absence du poëte et de l'historien, et présentent à nos yeux la scène entière avec une nouvelle énergie.

En traversant l'Elbe avec le duc d'Hamilton, je rappelais à sa mémoire la sanglante tragédie mise en action ici par le général autrichien Tilly, qui, ayant pris la ville d'assaut, livra les citoyens, sans distinction d'âge ni de sexe, à la barbarie et à la brutalité de ses soldats. Outre le massacre général, ils commirent des actes de violence et de cruauté déshonorans pour la nature humaine. Nous vîmes, avec émotion, cette partie de la rivière que trois ou quatre cents habitans traversèrent pour s'échapper ; c'est tout ce qui fut sauvé de vingt mille citoyens. Cette triste catastrophe fut le sujet de notre conversation pendant une grande partie du voyage de ce jour. Les commentaires, sur un événement de cette espèce, sont inutiles, avec une personne aussi sensible que l'est le duc d'Hamilton. La simple narration élève spontanément des réflexions judicieuses dans un esprit bien formé.

Le pays est fertile et bien cultivé jusqu'à deux lieues par-delà Magdebourg ; il devient ensuite plus aride, et à quelques lieues de Brandebourg, il est nu et sablonneux comme les déserts de l'Arabie.

Brandebourg, dont l'électorat entier prend le nom, n'est qu'une très-petite ville, divisée en vieille et en nouvelle ville par une rivière qui sépare le fort de l'une et de l'autre. Le principal commerce est fait par quelques français qui dirigent des manufactures de draps, et que le roi a encouragés à demeurer dans cette ville. Le nombre entier des habitans ne monte pas à plus de quinze cents.

En entrant dans les villes de garnison prussienne, vous êtes arrêté à la porte ; l'officier de garde demande votre nom, d'où vous venez, où vous allez, et il écrit vos réponses. Cet usage est établi aussi dans les garnisons françaises, mais il est observé avec moins de sévérité et d'exactitude. Quand on déclare le titre de duc, ordinairement la garde porte les armes ; mais *milord* est un titre traité avec fort peu de cérémonie en France et en Allemagne : il est souvent pris dans l'étranger par des gens qui n'y ont aucun droit, et on le donne à tous les anglais d'un extérieur décent. Mais duc, en Allemagne, signifie souverain, et paraît plus respectable que *prince*. Dans ce pays, tous les fils d'un duc sont appelés princes, en eût-il autant que le vieux roi Priam.

Nous sommes arrivés la nuit dernière à Potzdam, et vous voudrez bien observer que je saisis la première occasion de vous apprendre cette importante nouvelle.

LETTRE LX.

Potzdam.

LE jour d'après notre arrivée ici, je fus chez le comte de Finkenstein, et le priai de m'apprendre quand le duc d'Hamilton et moi pourrions avoir l'honneur d'être présentés au roi ; je demandai en même tems la permission d'assister aux revues. Je ne fus pas peu surpris lorsque le ministre me dit qu'il fallait que j'écrivisse une lettre à sa majesté pour lui présenter mes demandes, et que certainement je recevrais une réponse le lendemain. Il me paraissait très-singulier d'écrire à ce grand prince pour une affaire d'aussi légère importance ; mais le comte me dit que telle était la règle établie, et je fis sur le champ ce qu'il désirait. Le lendemain matin un valet de la cour me remit à mon auberge une lettre à mon adresse et signée par le roi ; elle m'instruisait qu'aussitôt l'arrivée de la cour à Berlin, le ministre ferait savoir au duc d'Hamilton et à M. Moore le moment où sa majesté pourrait les recevoir, et que l'un et l'autre seraient très-bien venus à toutes les revues.

Dans la soirée nous fûmes présentés au prince et à la princese de Prusse, qui résident presque constamment à Potzdam. Le prince est un bel homme, grand, vigoureux, âgé d'environ trente-cinq ans. La princesse est de la famille de Hesse-Darmstadt ; elle ressemble beaucoup à sa tante que nous avions vue à Carlsruhe ; nous avons eu l'honneur de souper deux fois avec elle depuis que nous sommes à Potzdam.

Le prince et les officiers sont occupés tous les matins à se préparer pour les revues. Hier, pour la seconde fois, le roi a passé en revue sept mille hommes. Le fils du prince de Prusse, enfant de six ou sept ans, était présent, mais à pied avec son gouverneur, sans aucune suite et confondu dans la foule des spectateurs : j'en marquai ma surprise au gouverneur. En France, me dit-il, on agit autrement : le dauphin, à l'âge de cet enfant, serait mené aux revues en carrosse et suivi par un détachement de mousquetaires. Mais ici le roi et le prince désirent également que leur successeur soit élevé d'une manière dure et simple, qui puisse éloigner de lui l'idée de son importance ; les sentimens de cette espèce viendront assez tôt en dépit de toutes les peines que l'on prendra pour les écarter.

Les troupes furent rangées sur une seule ligne, au sommet de quelques montagnes : elles descendirent de-là par un chemin rude et irrégulier, faisant un feu continuel par grandes divisions, jusqu'à ce qu'elles fussent dans la plaine, où elles exécutèrent différentes évolutions. Mais comme nous devons dans très-peu de tems assister aux grandes revues de la garnison à Berlin, je ne dirai pas un mot de plus sur ce sujet jusques-là.

Depuis que nous sommes ici , nous avons toujours passé nos matinées dehors avec les troupes ; nous employons l'après-dîner à examiner ce que la ville renferme de curieux. Les maisons sont bâties de belle pierre blanche , et ont toutes à peu près la même élévation. Les rues sont régulières et bien pavées , et parmi les édifices publics il y en a quelques-uns d'une magnificence remarquable. Ainsi Potzdam réunit tout ce qui est nécessaire pour former une ville agréable, si par ce mot on entend la beauté des rues , des murs , enfin l'apparence extérieure ; mais si, en lui donnant un sens plus étendu , on comprend dans sa signification l'ameublement et la décoration intérieure des maisons, alors Potzdam n'est qu'une pauvre ville.

Le roi ayant témoigné un grand désir de voir cette ville s'accroître rapidement, plusieurs personnes bâtirent des maisons , en partie pour faire leur cour à sa majesté , et en partie aussi parce qu'ils les louèrent avantageusement , mais comme la ville ne s'agrandissait pas aussi promptement que le Roi l'aurait voulu , il fit bâtir plusieurs rues à la fois à ses dépens. Cela fit tomber sur le champ la valeur des maisons , et les premiers constructeurs trouvèrent qu'ils avaient très-imprudemment disposé de leur argent.

Les villes en général se forment par degrés, leur accroissement suit celui des habitans, et les maisons se bâtissent plus vastes et plus commodes lorsque la richesse augmente ; car les idées de luxe s'étendent avec la fortune. Mais on a suivi une méthode opposée , et les maisons ont été élevées dans l'espoir que leur bel extérieur , comme celui des nymphes de Circé , séduirait les voyageurs et attirerait des habitans. Cependant jusqu'ici leur pouvoir de séduction n'a pas été bien fort , car il y a peu de villes aussi mal habitées que Potzdam , quoique les maisons y soient louées à très-bas prix.

Je fus très-étonné , en me promenant dans la ville , de voir des vestes et des culottes sécher aux fenêtres des plus belles maisons. Mais j'appris que chaque propriétaire avait deux ou trois soldats logés chez lui , et qu'il les plaçait ordinairement au rez-de-chaussée : cet usage est, m'a-t-on dit, établi aussi à Berlin. Le Roi aime mieux loger ses soldats chez les bourgeois que dans des baraques. C'est une réponse suffisante aux déclamations de ces nobles militaires qui insistent avec tant de chaleur pour qu'il soit bâti des baraques aux soldats en Angleterre, et qui assurent que sans cela l'armée ne sera jamais bien disciplinée ; car on peut difficilement espérer, ou même désirer, que notre armée soit soumise à une discipline plus rigide que celle de Prusse.

Je crois au surplus que les soldats prussiens sont logés dans des maisons particulières par des raisons diamétralement opposées à celles qui produisent le même effet en Angleterre. Le parlement britannique a montré de l'éloignement pour la construction de baraques, et a préféré établir les troupes dans les maisons des habitans, parce qu'il a pensé qu'il s'établirait ainsi une sorte de liaison et de bienveillance réciproque entre les soldats et leurs concitoyens, et que les premiers ne pourraient pas se considérer comme un corps séparé d'intérêt avec le reste de la communauté, et obligé d'obéir implicitement à la volonté de la cour en tout tems et en toute occasion.

Ici on peut penser qu'il serait imprudent de réunir ensemble, dans des baraques, de grands corps d'hommes armés, qui pendant la nuit formeraient peut-être des combinaisons nuisibles à la discipline et dangereuses pour le gouvernement ; il n'y a rien à craindre de semblable le jour, parce qu'alors les officiers sont présens, et qu'il n'est pas permis aux soldats de se parler les uns aux autres, tant qu'ils sont sous les armes. Lorsque l'exercice est fini, ils emploient le tems qui leur reste à nettoyer leurs armes et leurs habits, et à se préparer pour la garde prochaine. J'imagine que c'est sur-tout ce motif qui fait préférer au roi de Prusse les maisons particulières pour loger ses troupes, car sous tous les autres rapports les baraques seraient plus commodes, et plus analogues au génie de son gouvernement.

A Potzdam le palais, ou ce qu'on appelle le château, est un très-bel édifice ; les jardins qui l'environnent sont magnifiques ; mais je vous sauverai l'ennui d'écouter une longue description. J'ajouterai seulement comme une chose extraordinaire dans un palais, que la bibliothèque en est la plus belle pièce. Les ornemens sont d'argent massif, et tous les accessoires de très-bon goût.

L'homme qui nous suivait demanda si nous désirions voir la garderobe de sa majesté :

d'après notre réponse affirmative, il nous conduisit dans la chambre où sont déposés les
habits du monarque ; elle a une apparence
très - différente de celle de la bibliothèque. La
garderobe entière consistait en deux habits
bleus à revers rouges , dont un commençait à
montrer le tissu , deux vestes jaunes très-ta-
chées de tabac d'Espagne , trois paires de culottes et un habit complet de velours bleu
brodé d'argent , pour les grandes occasions.

J'imaginai d'abord que cet homme avait
obtenu quelques vieux habits du Roi , et les
gardait pour amuser les étrangers : mais on
m'assura que ce que j'avais vu, avec deux uni-
formes laissés à Sans - Souci , composait toute
la garderobe du roi de Prusse , et notre con-
ducteur me dit qu'il ne l'avait jamais vue plus
complète. Quant à l'habit de velours bleu il
avait à peu près dix ans , et jouissait encore
de toute la vigueur de la jeunesse. En vérité ,
si les vers l'épargnent autant que sa majesté ,
il durera l'âge de Mathusalem. Dans la même
chambre , il y a plusieurs étendards apparte-
nans à la cavalerie , quelques-uns portent, au
lieu de pavillon carré , un aigle d'argent.

Dans la chambre à coucher , où le dernier

Roi est mort, on a ôté de la fenêtre qui donne sur le jardin les quatre carreaux d'en-bas, et ils sont remplacés par une glace en un seul morceau.

On nous raconta que le suprême délice de sa majesté était de voir faire l'exercice à ses troupes, et qu'elle avait conservé cette passion jusqu'à son dernier soupir ; lorsque ce prince fut retenu dans sa chambre par la maladie, il venait pour les voir s'asseoir près de cette fenêtre, qui avait été arrangée de manière à le faire jouir commodément de ce plaisir. Sa faiblesse augmentant graduellement avec le mal, il fut bientôt obligé de rester sur un lit de repos pendant le jour, mais quand il se trouvait plus languissant, il élevait sa tête vers la fenêtre, et la vue des hommes sous les armes opérait comme un cordial et ranimait ses esprits. Cependant ce remède même perdit son effet par le fréquent usage ; ses yeux s'obscurcirent, il leva en vain la tête, il ne put voir davantage ses soldats, et il expira.

Assurément jamais passion ne résista plus long-tems aux atteintes de la mort.

LETTRE LXI.

Potzdam.

J'ai été deux ou trois fois à Sans-Souci, qui est à peu de distance de Potzdam. Le roi habite constamment le vieux palais, excepté lorsque des étrangers de très - grande distinction viennent passer quelques jours avec lui ; alors il les reçoit dans le nouveau palais, et y reste pendant leur séjour.

La galerie contient une nombreuse collection de tableaux, dont plusieurs sont des originaux très-estimés. Les plus précieux viennent de l'école flamande. Quelques gens, qui passent pour habiles, disent que le roi est un très-mauvais juge dans cette partie, et qu'il le prouve en achetant des tableaux très-médiocres. Quoi qu'il en soit, il est certain que sa majesté n'attache pas la moindre importance à l'opinion de ces connaisseurs, mais achète et loue hautement les morceaux dont l'exécution lui plaît, sans avoir égard à leur goût. Qu'un tableau soit attribué à Raphaël ou au Guide, ou au Corrège, s'il n'y découvre aucune beauté, il le dit franchement, et préfère sans cérémonie l'ouvrage d'un peintre obscur ou moderne. Beaucoup de critiques en peinture considèrent ces décisions comme des blasphèmes extrêmement choquans. Un peintre, grand connaisseur, que le roi avait indigné en rejetant des tableaux recommandés par lui pour en acheter qu'il avait condamnés, disait en parlant de sa majesté : « Parce que cet homme sait jouer de la flûte allemande, qu'il a été loué par des poëtes et des philosophes, et qu'il a gagné dix ou douze batailles, il croit se connaître en peinture, mais l'art de la guerre et celui de la peinture sont deux choses différentes : il l'apprendra à ses dépens. »

Le roi de Prusse a commencé le nouveau palais de Sans-Souci quelques années après la dernière guerre ; il est maintenant complètement fini, et c'est un magnifique ouvrage. Les communs sont à une distance considérable, et réunis au corps de bâtiment par une double colonnade qui produit un très-bel effet. La façade est plutôt surchargée qu'embellie par le grand nombre de statues destinées à l'orner ; elles sont en général par groupes et représentent quelque histoire d'Ovide. Cet édifice se termine par un dôme surmonté d'une large couronne soutenue par les trois Grâces. Le duc d'Hamilton observa que trois grenadiers Prussiens eussent été plus convenables. Au milieu du rez-de-chaussée ou trouve une vaste salle entièrement revêtue de marbre, ou l'appelle la grotte, et les ornemens correspondent à ce nom : cette pièce ne peut être agréable que pendant les grandes chaleurs ; elle serait délicieuse en Italie. La voûte est basse, et soutient une autre salle dont les dimensions sont exactement les mêmes, mais qui est plus élevée : cette seconde salle est aussi revêtue de très-beau marbre. Les autres appartemens sont richement meublés ; beaucoup de personnes les trouvent ornés d'une manière trop éclatante ; il est certain que les dorures ont été placées par une main prodigue. A l'opposé du palais de Sans-Souci, et immédiatement après les jardins, lord Maréchal a bâti une maison qu'il habite constamment. Le caractère aimable de ce seigneur vous est assez connu pour qu'il soit inutile de vous en parler : nous avons dîné chez lui plusieurs fois depuis notre arrivée. Sur le

frontispice de sa maison on lit cette inscription :

Fredericus II nobis hæc otia fecit.

Frédéric II nous a procuré cette douce existence.

Le petit jardin de cette habitation a une
porte qui communique avec les jardins de
Sans-Souci , dont sa seigneurie jouit complètement. Le roi a aussi une clef du petit jardin
de Milord , et vient fréquemment le visiter
par ce passage.

Nous partons demain pour Berlin.

LETTRE LXII.

Berlin.

Lorsque nous sommes arrivés ici, les préparatifs pour les revues se faisaient avec la
plus grande activité ; on ne voyait dans les
rues que des soldats sous les armes , et des
officiers allant, venant, avec précipitation.
La ville ressemblait plus au cantonnement
d'une grande armée qu'à la capitale d'un
royaume , dans le tems d'une paix profonde.

La cour, elle-même, avait l'apparence du lever d'un général dans un camp ; excepté les ministres des autres cours et quelques étrangers, tous les hommes, et il n'y avait aucune femme, portaient l'uniforme militaire.

M. Harris, le ministre anglais, accompagna le duc d'Hamilton, le jour que nous fûmes présentés à Sa Majesté. Le fils du prince Kaunitz et plusieurs autres étrangers furent présentés en même tems. Le comte Reuse, chambellan de la cour, nommait chaque personne au roi : il causa très-long-tems avec le Duc, et dit quelques mots à tous ceux qui furent présentés. Sa physionomie est extrêmement animée ; il semblait être de bonne humeur et parla à tous les officiers avec aisance, affabilité et une sorte d'enjouement. De leur côté, ils paraissent devant lui avec une assurance guerrière entièrement dégagée de cette servilité rampante assez généralement adoptée dans les autres cours, mais qui ne réussirait pas ici.

Le roi était à Berlin trois jours avant le commencement des revues, et passait quelques heures le matin dans le parc, où quatre ou cinq mille hommes se rendaient journellement, non pas pour faire l'exercice, mais simplement pour que le roi jugeât de l'état de chaque corps en particulier. On ne saurait concevoir avec quelle minutieuse attention il les examine. Le colonel du régiment soumis à ce scrutin sévère, marche à côté de lui, répond aux questions, écoute ses remarques, et reçoit ses ordres. Par cette exactitude, il connaît non-seulement la situation de l'armée en général, mais aussi la force de chaque régiment et le degré de discipline qu'il observe. Le nombre entier des troupes passées en revue montait à peu près à trente-huit mille hommes, et consistait principalement dans la garnison de Berlin. Cette armée sortit en bataille trois matinées successives, et chaque jour les opérations furent différentes : j'essayerai de vous donner une idée du plan de la dernière revue, que ma mémoire me retrace plus exactement.

A la naissance du jour, huit mille hommes partirent de Berlin, sous le commandement d'un officier général, et prirent possession d'un village situé sur une hauteur, à la distance de deux ou trois milles. Une heure après, le roi lui-même joignit l'armée qui était assemblée hors des portes. Il la divisa en trois colonnes , dont deux furent commandées chacune par un officier général , et lui-même se chargea de diriger la troisième. Les colonnes marchèrent ensuite, par trois routes différentes , vers le village où le premier détachement avait alors pris poste.

La revue consistait dans l'attaque et la défense de ce village.

L'armée , en s'approchant , fut canonnée par le village ; elle ne parut pas en souffrir beaucoup , les chefs de chaque colonne s'avançant avec précaution , et prenant des détours qui exposaient très-peu les hommes : à la fin les trois colonnes se rencontrèrent dans une vaste plaine près du village ; mais une élévation du terrain les protégeait contre les batteries. Le roi rangea alors son armée sur deux lignes ; elle était, pendant ce tems , parfaitement en sûreté ; mais elle ne pouvait s'approcher du village qu'en franchissant la hauteur , et en s'exposant au canon de l'ennemi : ce mouvement devait donc s'exécuter avec toute la célérité qui pourrait s'accorder avec le bon ordre. L'aîle droite de l'armée commença l'attaque avec rapidité , et un nom-

breux train d'artillerie de campagne fut amené aussi vivement jusqu'au premier rang : la promptitude avec laquelle on les chargeait et déchargeait, pendant cette marche, est à peine croyable. Quand la ligne fut à peu de distance du village, les soldats commencèrent à faire usage de leurs fusils, et le village répondit bientôt par une vigoureuse décharge d'artillerie légère. Ils s'approchèrent cependant des haies qui l'entouraient, mais une nouvelle batterie joua tout à coup. Le roi, alors placé entre la ligne avancée et le village, donna un signal : cette ligne se rompit avec un désordre artificiel, et se replia sur la seconde ligne, qui s'ouvrit en plusieurs endroits pour favoriser sa retraite, se referma ensuite, et s'avança à l'attaque comme avait fait la première. Celle-ci parut aussi repoussée ; on sonna la retraite, et l'aîle entière commença à se retirer. Un corps de cavalerie sortit alors du village pour charger l'armée, mais il fut lui-même chargé et forcé de reculer par la cavalerie de l'aîle droite.

Un corps de hussards partit encore du village, poursuivit l'armée, et la tourmenta dans sa retraite ; il fut repoussé tantôt par les soldats, qui se retournaient et tiraient sur lui; tantôt par des détachemens de cavalerie qui parvinrent enfin à le chasser.

Ces diverses opérations durèrent depuis cinq heures du matin jusqu'à midi, que les troupes revinrent à Berlin. Il est au-dessus de mon pouvoir de vous donner une juste idée de la perfection avec laquelle ces évolutions furent exécutées; le roi lui-même loua les charges de la cavalerie. Avant ce jour, je n'imaginais pas qu'il fût possible de charger au grand galop, et de garder, malgré ce mouvement, les rangs et les distances avec autant de précision.

Ils cherchent à compenser par la rapidité du choc ce qui leur manque en poids.

Les hussards de l'armée prussienne non-seulement apprennent à harasser une armée dans sa retraite, mais aussi à charger en grand corps, comme la cavalerie pesante. Le général Sedlitz, reconnu pour le meilleur officier de cavalerie de l'Europe, avait amené les dragons prussiens à un degré de perfection, dans leurs manœuvres, qui paraissait tenir du prodige. On dit qu'il gagna la bataille de Rosbach par une charge vigoureuse et soudaine. Depuis ce tems, le roi de Prusse a toujours donné une grande attention à sa cavalerie.

Les cuirassiers sont la fleur de l'armée prussienne ; ils portent des habits de buffle et de pesantes armures de fer qui couvrent toute la partie supérieure du corps ; ces armures sont éprouvées avec des mousquets avant de leur être données.

J'ai oublié d'observer qu'il fut ordonné à l'infanterie de jeter de grands cris en s'avançant pour attaquer le village. Cette pratique est adoptée dans le service actuel. Le roi pense que cela anime le courage des soldats, et les empêche de réfléchir sur le danger de leur position. Il y a aussi plus de tambours dans les troupes de Prusse que dans aucune autre, et cet usage est fondé apparemment sur le même principe.

Après la revue il y eut, le soir, un concert et un souper au palais du prince Henri. La reine et les frères du roi y assistèrent avec Henri lui-même et Ferdinand. Les princesses leurs femmes, le prince et la princesse de Prusse, Frédéric de Brunswick, la princesse sa femme et une nombreuse compagnie. J'ai remis ici au prince Frédéric la lettre de sa mère ; elle lui avait annoncé d'avance mon projet de voyage à Berlin.

Le roi ne parut point chez le prince ; il se montre rarement aux fêtes , et les heures que les affaires lui laissent libres sont employées à lire , ou passées dans la société de quelques personnes qu'il estime. Le prince héréditaire de Brunswick est à présent le compagnon le plus constant de sa majesté ; ce choix ne saurait faire plus d'honneur au prince qu'au discernement du roi.

Le palais du prince Henri est un des plus beaux édifices de Berlin , et aucun des sujets du roi de Prusse ne vit d'une manière aussi somptueuse que ce prince. Il a une maison nombreuse , et la plupart des hommes attachés à son service sont jeunes , beaux et richement vêtus. La fête dont je viens de parler fut d'une magnificence remarquable.

LETTRE LXIII.

Berlin.

Le lendemain des revues le roi , suivi par son neveu le prince de Prusse , et par le prince héréditaire de Brunswick, est parti pour Magdebourg , où il y a un camp de 15,000 hommes. Il doit aller ensuite visiter la Silésie et ses nouveaux domaines en Pologne ; on n'espère pas qu'il soit de retour à Potzdam avant six semaines.

Sa majesté fait ce voyage deux fois par an : certainement aucun roi en Europe ne saurait avoir une connaissance aussi parfaite de ses Etats et de ses sujets que ce monarque. Son absence produit peu de relâchement dans le service et n'en occasionne aucun dans la discipline. Les revues étaient à peine finies que les exercices ont commencé. Quinze ou vingt mille hommes de la garnison sont exercés dans le parc tous les matins , sans compter les troupes qui paraissent à la parade pour les gardes ordinaires.

Une revue , comme celle que j'ai essayé de décrire , est sans doute un des plus beaux spectacles que l'on puisse voir : mais lorsque l'homme sensible qui en est témoin réfléchit sur les moyens employés pour amener ces pauvres gens à ce merveilleux degré d'exactitude, il paye chèrement le plaisir dont ce magnifique spectacle l'a fait jouir.

La discipline prussienne , vue en général , est fort belle , mais en détail elle est choquante.

Quand le jeune paysan est amené au régiment, il est d'abord traité avec assez de douceur; on lui apprend seulement avec des paroles comment il doit marcher, tenir sa tête et porter son fusil, et s'il ne réussit pas dans ses premiers essais, il n'est pas puni , on laisse sa mal-adresse et sa timidité naturelle s'effacer par degrés; pour ne pas le décourager , et le plonger dans le désespoir , on prend soin de ne pas verser à la fois sur ses sens étonnés toutes les terreurs de la discipline : lorsqu'il est un peu familiarisé avec son nouvel état , on lui enseigne l'exercice de l'arme à feu, on l'instruit d'abord seul , et ensuite avec deux ou trois de ses compagnons. Ce soin n'est pas confié à un caporal ou un sergent , c'est la tâche d'un officier subalterne. On peut voir tous les matins , dans le parc de Berlin , les lieutenans des différens régimens exerçant avec la plus grande assiduité quelquefois un seul homme, d'autres fois trois ou quatre ensemble. Si alors le jeune recrue montre de la négligence ou de la lenteur, son attention est réveillée par la canne de l'officier, qui l'applique avec une énergie toujours croissante jusqu'à ce que son disciple ait acquis le parfait usage de son fusil. Il apprend à rester sous les armes avec l'immobilité d'une statue ; on lui déclare que tous ses membres doivent remuer seulement au mot du commandement, et non lorsque cela lui plaît ; que parler, tousser et éternuer sont des crimes impardonnables ; et quand le pauvre garçon est, à leur avis, tout à fait accompli, ils lui font entendre doucement qu'on sait maintenant ce qu'il peut faire, et que la moindre faute sera punie avec rigueur. En vain il emploiera tout son tems à nettoyer ses armes, à prendre soin de ses habits, à faire l'exercice, il lui est seulement possible d'éviter le châtiment, et si par hasard son capitaine est cruel ou capricieux, l'infortuné soldat perd cette misérable chance de possibilité.

Quant aux officiers, à la vérité ils ne sont pas soumis à une punition corporelle, mais ils sont obligés de donner une attention continuelle au service comme aux hommes ; les subalternes sont presque constamment de garde ou occupés à exercer les recrues. Le capitaine sait qu'il sera réprimandé par son colonel, et ne pourra espérer aucun avancement si sa compagnie est inférieure aux autres ; le colonel perd entièrement la faveur du roi si son régiment n'est pas en bon état. Le général est responsable de l'exactitude de la discipline dans la brigade ou la garnison qu'il commande. Le roi ne se contente pas du rapport du général sur ce sujet, il examine tout lui-même. Ainsi depuis sa majesté jusqu'à la dernière sentinelle, chaque individu est exact à son devoir : et comme le roi est le premier mobile de cet ordre, et qu'il ne s'en écarte jamais, les facultés de ceux qui lui sont subordonnés restent constamment en activité. Il résulte de cela que l'armée prussienne est mieux disciplinée, plus prompte dans le service qu'aucune armée qui existe maintenant, ou peut-être ait jamais existé. D'autres monarques ont voulu porter la discipline au même point de perfection ; ils commencèrent à réaliser ce plan avec une chaleur étonnante ; mais un peu de tems et de nouveaux objets vinrent bientôt affaiblir leur ardeur et diviser leur attention. Ils déléguèrent alors l'exécution à un commandant en chef, le commandant à son tour la remit à d'autres chefs d'un rang inférieur, et la négligence s'introduisant ainsi pénétra promptement dans tout le système. La persévérance sans exemple du roi de Prusse , est peut-être le trait le plus remarquable de ce caractère extraordinaire.

Ce degré d'activité qu'un homme d'un esprit vigoureux est capable d'avoir dans des occasions très-importantes , le roi de Prusse l'a eu pendant trente ans sans permettre au plaisir , à l'indolence , au dégoût , ou au découragement d'interrompre son plan un seul jour , et il a obligé toutes les personnes employées dans son gouvernement de conserver la même activité autant que leur force et leur caractère pouvaient l'admettre.

Je vous laisse juger de quelle manière un tel homme doit être servi , et ce qu'il est capable de faire.

LETTRE LXIV.

Berlin.

Aucun état dans la vie ne saurait être plus actif , et présenter cependant moins de variété que celui d'un officier prussien en tems de paix ; il est continuellement livré à la même occupation , et continuellement occupé dans le même lieu. Il n'y a ici aucun mouvement dans les troupes. Les régimens qui furent placés à Berlin, à Magdebourg, à Schweidnitz, et dans les autres garnisons à la fin de la dernière guerre, y sont encore. En les changeant d'une garnison à l'autre, on craindrait que les militaires étrangers, qui sont extrêmement portés à déserter, ne pussent trouver alors des occasions que le plan actuel leur dérobe ; car avec quelque ardeur que le désir de déserter tourmente un soldat, il lui est presque impossible d'y parvenir. Aussitôt qu'un homme manque, un certain nombre de coups de canon annonce sa désertion à tout le pays. Les paysans reçoivent une récompense considérable lorsqu'ils saisissent un déserteur, et ils sont sévèrement punis lorsqu'ils le cachent ou l'aident à s'échapper ; des détachemens de la garnison sont aussi envoyés à sa poursuite par différentes routes.

Il n'est jamais permis à aucun soldat de sortir des murs de la ville, il faut une grande adresse pour surmonter cette première difficulté. Lorsque le déserteur a été assez heureux pour y parvenir, combien n'a-t-il pas encore de chances à courir avant d'avoir traversé le royaume ; et lorsqu'enfin il se croit en sûreté dans un des états voisins :

Nunc eadem fortuna viros tot casibus actos
Insequitur.

Après tous les dangers qu'il a su éviter, le même sort l'attend encore.

car il est souvent forcé de s'enrôler de nouveau comme soldat. Quelque malheureux qu'il puisse être , il n'a qu'un seul moyen de déserter , c'est de se tuer lui-même : cette méthode , m'a-t-on dit , commence à s'introduire.

Les officiers prussiens restant constamment dans les mêmes lieux , vivant avec les mêmes personnes , et s'occupant toujours des mêmes choses , acquièrent un extérieur posé et sérieux , bien différent de l'air gai et dégagé de l'officier anglais et français. Le seul délassement qu'ils se permettent est de se promener à la parade et de causer ensemble. Les officiers inférieurs ayant ainsi peu d'occasions de se mêler dans la société générale , et encore moins de tems à donner à l'étude , ne peuvent avoir des idées bien étendues. Leur science , il faut l'avouer , est étroitement restreinte à cette branche de tactique qu'ils sont obligés d'étudier constamment , et à la fin beaucoup d'entre eux pensent que si les êtres humains ne sont pas dans ce monde seulement pour se tenir fermes sur leurs jambes , marcher la tête haute, tourner à droite et à gauche , et charger et décharger un fusil , c'est au moins le principal but de leur existence.

Le roi, m'a-t-on dit, craindrait qu'un plus grand développement de leur intelligence, que par cette raison il ne désire pas, ne leur fît mépriser leur occupation journalière, qui consiste à discipliner des soldats, à compter les boutons de leurs habits et à examiner l'état de leurs guêtres et de leurs culottes ; car aussitôt que l'esprit des hommes devient supérieur aux fonctions qu'ils exercent, ces fontions sont négligées et mal remplies. Un peu d'application à d'autres études, et la facilité de se joindre à la société , eussent pu les rendre des hommes plus agréables sans en faire de meilleurs lieutenans ou capitaines.

Sa majesté pense qu'elle trouvera toujours un nombre suffisant d'hommes plus éclairés pour occuper les postes de confiance et les commandemens séparés , où le général doit agir suivant les circonstances et ses propres lumières. Il croit aussi que le système général ne lui ôte pas l'avantage des exceptions particulières, et n'empêche pas de distinguer le génie même dans la plus humble classe de l'armée. Dès qu'il en aperçoit en effet quelque lueur, et qu'un officier ou un soldat découvre des talens extraordinaires, ou une capacité étendue, il est sûr d'être avancé et placé dans un grade où il peut exercer ses talens, tandis que les autres restent ou s'élèvent par une lente gradation, s'ils n'ont pas d'autre mérite que leur assiduité ; car dans le service prussien elle ne peut jamais les conduire à un rang qui exige d'autres qualités.

Quant au commun des hommes, la discipline est réglée sur ce principe, qu'il faut les réduire, sous beaucoup de rapports, à la nature de machines, afin que n'ayant aucune volonté à eux, ils agissent seulement par celle de leurs officiers, et que ces officiers leur inspirent une crainte telle, qu'anéantissant celle de l'ennemi, ils puissent s'avancer, quand l'ordre leur en est donné, avec autant d'insensibilité, aussi peu de réflexion que les fusils dont ils sont chargés. Lorsque l'on considère à quel point ce système est porté, on désire qu'il soit porté plus loin encore , et que ces malheureux hommes , conservant seulement la faculté d'entendre , puissent perdre tout autre sentiment.

L'état d'esclavage en Asie , ou celui que subissent les gens employés dans le civil sous le gouvernement le plus despotique, paraît la liberté , si on le compare à cette espèce d'esclavage militaire. Les premiers ne sont pas continuellement sous les yeux de leurs tyrans , et peuvent , pendant de longs intervalles , jouir de la vie sans restriction , et suivre l'impulsion de leur goût. Mais les soldats étrangers , et même ceux nés en Prusse , soupçonnés d'avoir l'intention de déserter , qui pour cela n'obtiennent jamais de congé . sont toujours sous les yeux d'un être qui a le pouvoir , et trop souvent la volonté de contrôler toutes les actions de leur corps et tous les désirs de leur cœur.

Puisqu'un si grand nombre d'hommes est condamné à cet état de gêne , on doit déplorer que , par la nature du service , la sentence tombe sur des paysans actifs, industrieux qui , s'ils n'étaient tourmentés par une politique cruelle , passeraient leurs jours dans la joie , goûteraient tous les plaisirs réels sans éprouver le dégoût de la satiété ou les atteintes du remords , et seraient peut-être la plus heureuse classe du genre humain. La somme totale du bonheur détruit, en éloignant des hommes de cette situation pour les jeter dans un état de misère, doit être infiniment plus considérable que si on pouvait les remplacer par tous ces gens qui passent dans les plaisirs du luxe et de la richesse un tems dont le poids les accable ; pour ceux-ci, ce ne serait pas anéantir le bonheur , mais changer la scène de leur souffrance ; car ils seraient harassés par les caprices des autres , au lieu de l'être par leur propre imagination , fatigués par l'exercice au lieu d'être tourmentés par le mécontentement et le dégoût , déchirés par les baguettes au lieu d'être torturés par la goutte , et enfin renversés par un boulet de canon , au lieu d'être tués par une attaque d'apoplexie ou une indigestion.

LETTRE LXV.

Au lieu de vous fatiguer éternellement par mes observations sur la nature de la discipline prussienne , je vous rendrai compte d'une conversation que j'ai eue sur ce sujet avec un officier homme de mérite.

Un matin, en nous promenant dans le parc, nous vîmes battre fortement un pauvre soldat parce qu'il ne retournait pas la baguette dans son fusil avec autant de célérité que le reste du peloton. A cette vue je me détournai avec indignation , et l'officier le remarquant me dit : — Vous pensez que la punition est trop sévère pour le délit ? — Il n'a commis aucun délit , dis-je. La baguette glisse à travers ses doigts par accident , et il est impossible d'imaginer que cet homme eût intention d'exécuter cet important mouvement avec moins de rapidité que ses camarades. — Tout ce que son officier lui ordonne de faire doit paraître important à un soldat , répondit mon Prussien.

Probablement la faute était involontaire , mais il n'est pas toujours possible de distinguer les fautes involontaires de celles qui arrivent par négligence , et afin qu'aucun homme ne puisse espérer que sa négligence sera pardonnée comme involontaire , tous les délits sont punis quelles que soient leurs causes. Il résulte de cela que les soldats deviennent plus attentifs et plus alertes. Je me rappelle, ajouta-t-il , que dans les jours de parade les chapeaux des dragons tombaient fort souvent , personne ne les soupçonnait d'avoir gagné le vent pour leur jouer ce tour. Cependant un officier général , impatienté par la répétition fréquente de cet accident , donna ordre de punir tous ceux à qui il arriverait , et aussitôt que cet ordre fut mis en vigueur , les chapeaux furent beaucoup plus rarement jetés à terre.

Je citai alors à mon tour un fait qui m'avait paru encore plus extraordinaire. A la dernière revue un hussard au grand galop était tombé de cheval , et avait été tellement brisé qu'il avait fallu le transporter à l'hôpital ; cependant on m'avait assuré qu'aussitôt qu'il serait guéri, on le punirait pour être tombé. Maintenant , continuai-je, quoiqu'un homme puisse avoir peu de soin de son chapeau , on ne saurait imaginer que ce hussard ne désirât pas sincèrement de conserver l'équilibre , car sa chûte l'exposait à se rompre le col. Cependant supposons , si vous le voulez , qu'il n'ait pas mené son cheval avec toute l'attention qu'il devait y mettre , il a reçu par sa chûte un châtiment assez sévère pour qu'il soit cruel de lui en infliger un autre.—Tout ce que j'ai à opposer à la solidité de votre raisonnement, répondit le Prussien, c'est que le général Seidlitz, qui était le meilleur officier de cavalerie du monde entier, a d'abord introduit cette méthode cruelle, et que depuis qu'elle est suivie, il est certain que les hommes tombent moins souvent. Le roi pense, continua l'officier, que la discipline est l'ame d'une armée, il croit que dans les différentes nations de l'Europe, les hommes possèdent à peu près également les qualités nécessaires à un soldat, et que dans deux armées de même nombre, le degré de discipline détermine seul de combien l'une est supérieure à l'autre ; par conséquent, le principal objet de ses soins est de porter son armée au plus haut degré de perfection possible dans ce point essentiel. Si cela pouvait se faire par des moyens plus doux , sans doute il les préférerait ; il n'est pas naturellement d'un caractère cruel , sa conduite générale avec les officiers supérieurs le prouve. Trouvant que les espérances d'avancement et les sentimens d'honneur sont des motifs suffisans pour les exciter à faire leur devoir , il n'a jamais eu recours , excepté dans les cas de trahison , à une punition plus grave que celle de les casser. Dans plusieurs occasions remarquables il a déployé plus de douceur qu'il n'est d'usage d'en montrer dans les autres services. Quelques-uns de ses généraux avaient laissé prendre par surprise des villes de la plus grande importance , d'autres avaient perdu des armées entières : cependant ni les clameurs populaires , ni le dérangement causé par ces pertes dans les affaires publiques ne purent le conduire à faire mettre à mort aucun de ces infortunés généraux. Plusieurs d'entre eux ayant été suspendus pour un certain tems , ou déclarés par le jugement d'une cour martiale incapables d'occuper un commandement militaire , loin d'aggraver les sentences par des commentaires infamans , il a plutôt cherché à les adoucir par quelques clauses ou messages qui épargnaient l'honneur du général condamné.

Ce n'est point par des traitemens doux et modérés qu'on peut faire observer aux soldats leurs devoirs ; des punitions sévères et corporelles sont absolument nécessaires : ne pas user de ces moyens , ou n'en user que d'une manière insuffisante , serait faiblesse. Les soldats sont quelquefois punis pour des fautes que toute leur attention ne pourrait prévenir , parce que s'il est impossible d'assurer qu'ils auraient pu les éviter , l'expérience cependant a enseigné que chaque faute étant punie , il en était moins commis au total. Cela justifie suffisamment la pratique que vous appelez cruelle, mais qui en réalité n'est qu'une discipline salutaire ; car ce n'est pas un si grand mal dans une armée de faire souffrir un individu injustement que de laisser la négligence impunie. Si permettre à dix coupables de s'échapper plutôt que de punir un innocent , peut être une très-bonne maxime en morale , ou dans un gouvernement civil , le contraire est préférable dans la discipline militaire.

— Pourquoi, dis-je au Prussien quand il eut fini son discours , négligez - vous d'employer tous les motifs que l'on suppose pouvoir agir sur l'esprit des soldats ? Comptez-vous pour rien l'amour de la gloire et celui de la patrie ? Vous ne cherchez à exciter qu'un sentiment ; la crainte est le seul instrument qui vous serve à contraindre les hommes à montrer de l'intrépidité. — Ne pensez jamais à l'instrument , répliqua-t-il , considérez seulement l'effet.

Je suis convaincu, repris-je, que les soldats anglais , avec le degré de discipline qui existe dans notre armée , discipline bien moins rigide que la vôtre , animés par leur courage naturel , et l'intérêt que même le commun des hommes prend aux querelles de sa patrie , sont au moins égaux à toutes les autres troupes.

J'espère , dit-il , que l'expérience n'en sera faite de long-tems , car j'estime votre nation , et je serais fâché de voir vos troupes opposées aux nôtres dans le champ de bataille ; mais jusqu'à ce qu'elles le soient, vous ne pouvez pas être sûr de la justesse de votre assertion. Les avantages que vous gagnâtes sur les Français dans la dernière guerre sont encore en faveur de mon argument , car l'armée française était moins bien disciplinée que la vôtre.

J'en revins ensuite à mon ancien texte, à la cruauté qu'il y avait à fatiguer et à tourmenter des hommes sans interruption, et je l'assurai que les avantages qui pouvaient résulter d'une si excessive sévérité, même quand ils seraient aussi grands qu'il les représentait, ne fournissaient pas une raison suffisante pour rendre la vie de tant d'hommes pénible et misérable.

Mais j'ignore s'ils sont malheureux, dit-il. Quand des hommes sont médiocrement nourris, forcés d'exécuter un service très-dur, et certains d'être sévèrement punis pour les plus légères fautes, quelquefois même pour des accidens, pouvez-vous douter, répondis-je, qu'ils ne soient malheureux? Ils ne le paraissent pas, répliqua-t-il, ils supportent cela très-bien. Auriez-vous donc, continuai-je, moins de remords de les tourmenter, parce qu'ils ont assez de force d'esprit pour supporter leurs souffrances?

Je lui racontai alors l'histoire d'un matelot anglais qui, mis en jugement pour vol commis sur le grand chemin, porta tranquillement un rouleau de tabac à sa bouche tandis que l'on prononçait sa sentence, et le tint entre ses dents jusqu'à ce qu'il eût entendu sa condamnation à mort. Alors il commença à mâcher son tabac avec le sang-froid le plus parfait. Scélérat, dit le juge piqué de son indifférence, ne savez-vous pas que vous serez bientôt pendu ? Je l'ai entendu, dit froidement le matelot en ôtant le tabac de sa bouche. Et savez-vous aussi, continua le juge, où vous irez quand vous serez mort ? En vérité je ne peux le dire, n'en déplaise à votre honneur, répondit le matelot ; alors, s'écria le juge avec une voix formidable, je vous le dirai : vous irez en enfer, brigand, et là vous brûlerez éternellement. Si cela est, répliqua le matelot avec tranquillité, j'espère que je serai capable de le supporter.

LETTRE LXVI.

Berlin.

BERLIN est certainement une des plus belles villes d'Europe. Les rues sont larges et régulières, sur-tout dans la nouvelle ville, elles sont aussi parfaitement droites : la rue de Frédéric a plus de deux milles anglais, ou une lieue française de longueur, et plusieurs autres qui la coupent à angles droits ont un mille ou un mille et demi. Quelques gens assurent que Berlin couvre autant de terrain que Paris ; ce ne sont pas des Français , comme vous pouvez croire, et je ne serai pas non plus de leur opinion : mais cette ville approche certainement beaucoup plus de Paris par ses dimensions que par sa population ; car si elle a la moitié de son étendue , elle ne contient que le cinquième de ses habitans.

Il y a plusieurs beaux édifices dans cette ville, et en général les maisons sont jolies et bâties de belles pierres blanches ; elles n'ont communément qu'un étage et tout au plus deux. Ici , comme à Potzdam , les ornemens intérieurs ne répondent pas à l'élégance des façades , et les soldats sont logés au rez-de-chaussée sur la rue. Les principaux édifices sont le palais du roi et celui du prince Henri , l'un et l'autre sont d'une magnificence remarquable ; l'arsenal , dont l'apparence est noble et majestueuse contient , nous a-t-on dit , à présent des armes pour 200,000 hommes , et je suis convaincu qu'il n'y a pas d'exagération dans ce rapport. La nouvelle église catholique est le plus élégant des édifices destinés au culte. Le roi permet le libre exercice de toutes les religions dans ses Etats ; il pense que la plus légère contrainte imposée sur la conscience des hommes est injuste et blâmable : il a même la délicatesse de ne pas vouloir les influencer par son exemple, et pour n'offenser aucune religion , il n'accorde une préférence particulière à aucune.

Sur le frontispice de l'opéra , qui est un superbe édifice , on lit cette inscription :

Fredericus rex , Apollini et Musis.

Frédéric, roi, à Apollon et aux Muses.

Après avoir observé les inscriptions et les ornemens des palais et des autres monumens publics , les nouvelles décorations des églises et le grand nombre de Mercures, d'Apollons, de Minerves et de Cupidons qu'on rencontre dans le pays , un étranger serait tenté d'imaginer que la religion chrétienne est bannie de la Prusse, et que le vieux Jupiter et sa famille sont rendus à leurs anciens honneurs.

On voit sur le nouveau pont qui traverse la Sprée une statue équestre du grand électeur

Guillaume, fort estimée pour son exécution. Dans une des places on trouve aussi une statue du maréchal Schwerin ; on l'a représenté tenant l'enseigne avec laquelle il obtint la victoire à la fameuse bataille de Prague. Voyant ses troupes sur le point de céder, il saisit ce drapeau des mains de l'officier chargé de le porter, et s'élança vers l'ennemi en criant : que tous ceux qui ne sont pas des lâches me suivent. Les troupes, honteuses d'abandonner leur général, chargèrent encore une fois, et fixèrent la fortune de leur côté ; mais le brave général fut tué. Il était alors dans la 84me année de son âge. Ne pensez-vous pas que la fatigue de vivre si long-tems fut bien compensée par une telle mort ?

Le roi veut que les églises de Berlin, au lieu d'être ornées avec des saints et des crucifix, soient décorées des portraits des hommes qui ont été utiles à l'Etat, ceux des maréchaux Schwerin, Keith et Winterfield sont déjà placés avec quelques autres dans la grande église luthérienne.

La société dans laquelle les étrangers peuvent être admis ici, n'est ni variée ni étendue. Les officiers supérieurs, dont le tems n'est

pas comme celui des officiers subalternes,
entièrement absorbé par les devoirs de leur
profession , vivent entre eux ou avec leurs familles , et sans examiner quelles raisons pourraient les déterminer , le roi , on le sait,
n'approuverait pas qu'ils, formassent des liaisons intimes avec les ministres des autres cours
et les étrangers.

Le duc d'Hamilton avait suivi le Roi à Magdebourg , pour voir les revues qui devaient
avoir lieu dans cette ville , et il a été depuis
jusqu'à Leipsick avec deux gentilshommes Anglais : ma liaison avec lui , et la lettre que j'avais
apportée de la duchesse de Brunswick , m'ont
attiré beaucoup d'invitations. J'ai passé dernièrement une journée très - agréable , à six
milles de Berlin , dans une fort jolie maison
de plaisance qui appartient au prince Ferdinand. Ce prince , frère du roi , a épousé une
sœur de la princesse de Hesse-Cassel. Je trouvai en même tems avec lui la princesse de
Prusse , le prince Frédéric et la princesse sa
femme qui est extrêmement jolie. Le prince
Frédéric vit constamment à Berlin , et là j'ai
eu l'honneur de souper quelquefois avec lui ;
il joint à l'esprit et à la vivacité qui distinguent

toute sa famille beaucoup de goût pour la poësie ; il a même composé quelques ouvrages dramatiques en français. Ils ont été représentés sur un petit théâtre dans son palais, et dans des sociétés particulières à Berlin. La semaine dernière s'est passée dans une succession de fêtes continuelles. La princesse de Prusse a donné un déjeûner nombreux dans ses jardins, et la danse, ayant succédé au repas, s'est prolongée pendant la soirée entière. Dans ces occasions, je n'ai jamais vu régner cette fierté et ce cérémonial que les Allemands sont accusés de conserver toujours. Les gens du plus haut rang se conduisent avec aisance et affabilité envers tout le monde, et se placent dans les contredanses sans observer de formes ni d'étiquette.

Le ministre comte de Finkinstein a donné un grand dîner et un bal pour célébrer le mariage de l'un de ses fils ; le comte Reuse et quelques autres ont aussi donné des fêtes. Mais habituellement la société se réunit chez les ministres étrangers qui résident ici. J'ai été introduit chez tous par M. Harris, envoyé extraordinaire de sa majesté, dont la manière de vivre fait honneur à son pays et à lui-même.

Nous avons été reçus avec beaucoup de politesse par le baron Wan-Svieten, ministre de
la cour de Vienne. Il est fils du célèbre méde-
cin dont les ouvrages sont si estimés dans toute
l'Europe, et a beaucoup d'esprit et d'érudi-
tion. Deux ou trois officiers généraux, qui
vont très-souvent chez les ministres, reçoivent
aussi les étrangers.

J'ai eu le bonheur de faire connaissance ici
avec deux gentilshommes Français très-ai-
mables. L'un est le marquis de Laval, fils du
duc de ce nom; l'autre le comte de Clermont,
petit-fils de ce M. de Saint-Hilaire dont le bras
fut emporté par le même boulet qui tua le
maréchal de Turenne. Sans doute vous n'avez
point oublié les paroles adressées par Saint-
Hilaire à son fils, qui déplorait sa blessure, paroles qui prouvaient une magnanimité égale à
celle du héros qu'il préférait à lui-même.

LETTRE LXVII.

Berlin.

Lorsque nous arrivâmes ici , la reine était à Montbijou , petit palais près des portes de la ville , où sa majesté a deux jours publics par semaine. Depuis elle est allé habiter Schœnhausen , autre palais à deux lieues de Berlin où elle passe l'été , et où elle ne reçoit qu'une fois la semaine. Les princes, la noblesse, les ministres , et les étrangers s'y rendent généralement à cinq heures dans la soirée. Lorsque sa majesté a fait le tour du cercle , et dit un mot à chacun , elle se met au jeu. Il y a une table pour la reine et une pour chacune des princesses , qui choisissent elles-mêmes leur partie. Le reste de l'assemblée se réunit pendant quelques minutes autour de ces tables, et là se termine tout ce que l'étiquette exige. On se promène dans les jardins ou l'on fait des parties dans les autres appartemens, et tout le monde revient à Berlin quand la nuit commence. Quelquefois sa majesté invite à souper un grand nombre de personnes qui restent alors jusqu'à minuit.

La cour de la reine ressemble à toutes les autres cours de l'Europe , au lieu que celle de Sans-Souci est sur un plan entièrement neuf. Aucun étranger n'y est reçu , on n'admet que les personnes qui ont réellement affaire avec le roi. Là , sa majesté travaille depuis le matin jusqu'au soir , ⬤passe les heures de délassement avec deux ou trois hommes de lettres , et quelques officiers qui dînent habituellement à sa table. Lorsqu'il a avec un de ses sujets , ou les ministres étrangers , des affaires qui ne peuvent se traiter par lettres , ils se rendent à Sans-Souci , et reviennent aussitôt que l'affaire est terminée. Les assemblées de Schœnhausen sont le seul amusement établi pour les femmes de qualité de Berlin pendant l'été ; mais on a de fréquentes occasions de rencontrer les dames de la cour chez les ministres étrangers.

Les usages , le goût et l'esprit français ne se sont encore introduits que d'une manière imperceptible parmi les officiers Prussiens ; mais les femmes de la cour de Berlin ressemblent plus aux françaises que celles des autres cours que j'ai vues ; mademoiselle de Hartfield , première dame d'honneur de la reine , réunit à beaucoup d'esprit , toute l'aisance et toute l'élégance qui distingue les femmes de la cour de Versailles.

Le roi paraît très-rarement à la cour de la reine, et dans les lieux où les femmes composent une partie de l'assemblée. Quand il fait trève un instant à ses occupations sérieuses, ses amusemens sont d'une nature qui les empêche d'y prendre part. Je disais un jour à une dame de la cour, qu'il était fâcheux que sa majesté n'aimât pas les femmes : nous pouvons, répondit-elle, à raison de son âge, le dispenser d'amour, mais il est dur qu'il ne puisse nous supporter.

Malgré cette aversion du roi pour elles, les femmes ici ne sont nullement négligées par les hommes ; beaucoup de femmes mariées sur-tout ont des admirateurs déclarés qui les suivent constamment, sont invités avec elles à toutes les fêtes, s'asséyent près d'elles à table, et se trouvent de leurs parties de jeu par les soins du maître ou de la maîtresse de la maison. Quand une femme n'est pas pourvue d'un serviteur de cette espèce, son mari a, comme elle, l'air très-décontenancé, et l'un et l'autre paraissent dans une situation gauche et embarrassée jusqu'à ce que cet homme nécessaire soit trouvé.

Un certain gentilhomme ayant éprouvé dernièrement un malheur très-sérieux , au lieu d'exprimer de l'intérêt pour lui ou pour sa femme , car il était marié , chacun plaignait de la manière la plus tendre une autre dame avec qui cet infortuné gentilhomme passe pour être intimément lié ; on disait qu'elle était une des plus dignes femmes du monde , et qu'elle avait tant de sensibilité que peut-être l'impression produite par ce malheur sur son esprit pourrait altérer sa santé. Surpris de ne pas entendre parler de sa femme pendant tout ce tems , je demandai si elle ne serait pas un peu affectée aussi par le désastre de son mari. On me répondit qu'elle était occupée par d'autres intérêts , et que tout ce qui pouvait arriver à son mari était pour elle de peu d'importance : je demandai encore si elle et son mari vivaient mal ensemble , et j'appris qu'au contraire ils conservaient dans le monde la meilleure apparence ; car si le mari était attaché à une autre femme , la femme de son côté était entièrement dévouée à un autre homme. Le compte qu'ils se devaient réciproquement étant ainsi exactement balancé , ils vivaient avec accord , se négligeant mutuellement et se livrant sans contrainte et sans réserve à des passions différentes.

Dans ce pays, le divorce peut être obtenu par la volonté des deux parties, quand il n'y a point d'enfans, avec très-peu de peine et de dépense. Souvent le même cercle réunit avec la femme, le mari actuel et l'ancien : tous se conduisent de la manière la plus honnête les uns avec les autres.

J'ai entendu raconter qu'un homme, fatigué de vivre dans un état d'hostilité perpétuelle avec sa femme, parvint à la persuader de demander le divorce, il l'obtint bientôt, épousa ensuite une autre femme dont il était éperdûment amoureux, et crut, comme c'est assez l'usage, que son bonheur serait éternel. Cependant après le mariage sa passion se refroidit, même plutôt que cela n'arrive ordinairement, et quelques mois étaient à peine écoulés, qu'il devint l'admirateur déclaré de sa première femme; il vit alors mille charmes dans sa personne et sa conversation, qui lui étaient entièrement échappés tandis que les liens du mariage avaient subsisté. Il découvrit aussi que certaine originalité dans ses manières qu'il avait autrefois trouvée fort gauche, était réellement remplie de grâces. Il exprima le re-

mords que lui causait son premier aveuglement dans les termes les plus pathétiques. La
dame s'adoucit, finit par accorder un généreux pardon, l'opinion universelle était qu'il
avait pour maîtresse la femme qui lui avait
appartenu légitimement.

Ici, la jalousie est également détestée et
méprisée, le scandale même est très-peu
connu ; chacun semble trop occupé de ses
propres affaires pour s'inquiéter de celles de
ses voisins. Si dans le cours de la conversation on parle d'une liaison particulière entre
des personnes de sexe différent, on la cite
accidentellement comme un fait peu important, et sans jeter le plus léger blâme ou faire
de réflexions piquantes sur les intéressés. Une
des raisons auxquelles on peut attribuer cette
conduite, est qu'il n'y a peut-être pas, m'a-
t-on dit, une seule vieille fille dans tous les
Etats du roi de Prusse.

A Berlin, la promenade à la mode est au
milieu d'une des principales rues. On a élevé
une chaussée sur chaque côté devant les maisons, et entre ces deux chaussées est une belle
allée sablée plantée de tilleuls. On vend dans
des tentes placées sous les arbres des glaces et
d'autres rafraîchissemens, et l'été la musique

de différens régimens s'exerce ordinairement dans cet endroit ; c'est sur-tout le soir que l'on se rend à cette promenade , et l'on y reste très-tard.

Nunc et campus et areæ
Lenisque sub noctem susurri ,
Composita repetantur horâ.

Sous l'ombre gracieuse du soir , les parcs , les promenades publiques sont assignés pour lieux de rendez-vous , et dans l'obscurité se mur-murent de doux secrets.

LETTRE LXVIII.

Berlin.

CE qui me causa le plus de surprise , en arrivant à Berlin , fut la liberté avec laquelle on y parle des mesures du gouvernement et de la conduite du roi. J'ai entendu discuter des sujets politiques , et d'autres que j'aurais crus encore plus délicats , avec aussi peu de ménagement que dans un café de Londres. Dans les boutiques des libraires , on vend ouvertement des productions littéraires de toute espèce , et quoique le roi soit traité très-durement dans les nouveaux pamphlets sur la division de la Pologne, on les trouve facilement, de même que d'autres ouvrages où plusieurs personnages marquans sont attaqués avec toute l'amertume de la satire.

Un gouvernement, soutenu par une armée de cent quatre-vingt mille hommes, peut, en toute sûreté, mépriser les censures de quelques politiques spéculatifs, et la plume du critique. Tant que sa majesté conservera le pouvoir de disposer de la vie et des propriétés de ses sujets, selon les inspirations de sa sagesse, elle leur permettra de s'amuser à faire autant de remarques ou de railleries qu'il leur plaira sur sa conduite.

L'esprit de ce monarque est infiniment supérieur à cet espionnage journalier, dont la race méprisable, qui trafique sur le scandale et la calomnie, tire un parti si avantageux dans quelques cours. Convaincu que la perfidie qui peut trahir une conversation réelle peut en inventer une fausse, il n'écoute jamais les petites histoires malicieuses sur des événemens particuliers, ni les plaisanteries échappées dans la gaieté d'un repas : une personne qui répéterait devant lui des anecdotes

de cette espèce , serait chassée de sa présence.
Il traite avec un mépris égal toutes les lettres
anonymes et les rapports injurieux , lorsque
l'accusateur refuse de paraître ouvertement
pour soutenir ses assertions.

Ce grand prince est si parfaitement exempt
de soupçon et de crainte personnelle, qu'il
n'a jamais de gardes à Sans-Souci. Un sergent
ou un caporal y restent pendant le jour pour
recevoir les ordres qu'il veut faire transmettre
à sa garnison de Potzdam , mais ils retournent chaque soir à la ville ; et le roi dort
paisiblement toutes les nuits dans une habitation où il n'y a pas plus de dix ou douze
personnes en comprenant les domestiques.

Cependant , Sans-Souci est un lieu isolé,
à une demi-lieue de Potzdam , où tous les
gardes sont enfermés , et par conséquent ne
seraient d'aucune utilité si l'on essayait d'at-
tenter à la personne du roi pendant la nuit ;
et celui qui repose ainsi sans défense est un
monarque despotique , qui gouverne par l'impulsion de sa volonté et de ses lumières , sans
jamais s'inquiéter du mécontentement et du
ressentiment d'aucun homme , ni même d'aucun corps d'hommes , et que beaucoup d'en-

nemis environnent. Si vous réfléchissez sur toutes ces circonstances, vous trouverez qu'elles prouvent une grande magnanimité.

Quoique Berlin ne soit pas fortifié , c'est cependant une ville très-militaire. Quand tous les soldats sont présens , leur nombre s'élève à trente mille. Dans leur conduite générale ils sont paisibles, et la police de cette ville est très-exacte ; cependant elle néglige ou autorise quelques irrégularités. Les courtisanes sont plus nombreuses que dans aucune ville d'Europe , par proportion avec les habitans. Elles paraissent ouvertement pendant le jour , agacent les passans, et cherchent de l'emploi comme il leur plaît, sans être inquiétées par les magistrats.

Il paraît que l'opinion reçue ici est que la paix et le bonheur de la communauté ne sont point troublés par cette licence , ou peut-être croit-on qu'un essai pour la réprimer serait suivi de conséquences plus fâcheuses que le mal lui-même : ainsi, il n'est permis à personne d'injurier ou de molester celles qui ont choisi ce genre d'industrie ; et les chalands qui fréquentent les logemens de ces dames , attirent aussi peu l'attention que s'ils entraient dans une boutique pour faire des emplettes.

Une autre espèce de débauche s'est, dit-on, introduite dans cette capitale ; mais j'imagine que, sur ce dégoûtant sujet, les récits sont très-exagérés.

Les bourgeois et les manufacturiers les plus distingués dans leurs classes vivent absolument entr'eux, et loin d'affecter les manières des courtisans, ou de se livrer aux plaisirs grossiers des gens du commun, ils conservent la décence, la simplicité, l'honnêteté du caractère allemand. Le roi de Prusse ne s'est appliqué à aucun objet avec autant de zèle et aussi peu de succès qu'à l'établissement du commerce dans ses Etats. Tous ses efforts pour y parvenir ont été infructueux ; des taxes peu judicieuses, le monopole et d'autres restrictions les ont fait échouer. Le commerce est semblable aux habitans des airs et des forêts, que la prison et les chaînes font tomber dans la langueur et le dépérissement, ou comme l'amour, il s'alarme

A la vue des liens humains, étend ses aîles légères, et s'enfuit à l'instant.

LETTRE LXIX.

Je vous remercie du poëme et du pamphlet que vous m'avez envoyés. J'avoue que je ne trouve pas au premier un très-grand mérite, et cependant je ne suis pas surpris du succès qu'il a eu ; car, eût-il encore contenu une dose d'esprit plus légère, il aurait été très-goûté à raison de sa malignité et des personnalités dont il est rempli.

La nation anglaise a toujours eu un très-grand appétit pour les écrits politiques ; mais ceux qui l'approvisionnent l'ont tellement rassasiée de cette nourriture, qu'à la fin elle a excité le dégoût et le repoussement. Un peu d'esprit, ou des satires personnelles sont maintenant nécessaires pour faire passer même un journal. Le premier ingrédient n'est pas toujours à la disposition de l'auteur, il use donc de l'autre qui répond aussi bien à ses vues.

Je n'ai jamais trouvé aucun plaisir à exposer ou à contempler le côté sombre de la nature humaine ; mais il y a des ombres si visibles qu'on ne peut ouvrir les yeux sans les remarquer ; et la satisfaction qu'éprouvent beaucoup de gens en lisant des libelles est de ce nombre : si on peut considérer comme une calamité d'être injurié dans des pamphlets et des journaux, cette maxime de La Roche-foucault : « que dans l'adversité de nos meil- » leurs amis nous trouvons toujours quelque » chose qui ne nous déplaît pas, » est d'une vérité incontestable. Les écrivains de ce tems ont tourné à leur avantage cette disposition malveillante qu'ils voient dominer parmi les hommes ; et, semblables à ces gens qui lancent des taureaux et d'autres animaux au milieu d'une troupe de chiens, ils exposent, chaque semaine, quelques personnages à toutes les fureurs de la critique.

L'usage de ces amusemens n'est conservé que par le goût sauvage des amateurs qui les payent : ceux qui débitent à Londres des livres injurieux, ne portent pas plus de haine aux individus qu'ils calomnient, que les gens de Paris et de Vienne qui dirigent l'autre divertissement cruel, n'en portent aux sangliers,

aux taureaux et aux autres animaux qu'ils aban-
donnent à la rage des chiens.

Quant aux écrivains , rarement ils connaissent les personnes dont ils attaquent le caractère ; et peut-être l'auteur des vers que
vous m'envoyez , n'a pas de liaison plus intime avec les lords et les gentilshommes contre
lesquels il écrit avec tant d'amertume que
l'ouvrier qui a tissu leurs mouchoirs de poche ;
les uns et les autres ont vraisemblablement
été fabriqués par le même motif, pour obtenir
une subsistance journalière , et le petit poëte
a préféré la satire au panégyrique , seulement
parce qu'il savait que la première plairait
davantage à ses pratiques.

Je me rappelle qu'étant un jour dans la
boutique d'un certain libraire , on lui remit
une lettre qui renfermait un papier ; lorsqu'il
l'eut parcouru , il me le présenta en me disant que c'était un portrait du lord S..., qu'il
comptait insérer dans un ouvrage alors sous
presse. J'imagine , ajouta-t-il , qu'il fera très-
bien : l'auteur est une bonne lame , je vous
assure ; aucun de ceux qui travaillent pour
moi n'a le tranchant aussi acéré que ce petit
gladiateur. Je trouvai que ce portrait était

une diatribe amère, écrite avec l'inimitié et la malice la plus invétérée. Lord S... était représenté comme s'abandonnant à la sensualité et à tous les penchans qui jamais souillèrent le cœur le plus corrompu : cette production, dis-je, est beaucoup plus innocente que son auteur ne le désirait. La violence même du poison en deviendra l'antidote, et la dose en est trop forte pour être supportable. Tous les lecteurs d'une intelligence ordinaire verront clairement que ces injures ont été dictées par la malice et une haine personnelle. Alors, répliqua le libraire, tous les lecteurs d'une intelligence ordinaire verront clairement ce qui n'existe pas ; car, l'auteur de cet ouvrage n'a jamais eu le plus léger rapport avec lord S... : aussi, loin d'être excité par la malveillance, il n'a pas le moindre désir de l'insulter : en voici la preuve, ajouta-t-il, en me présentant un papier qu'il prit dans un tiroir : cet autre portrait du même seigneur, est écrit par le même auteur, et doit paraître huit jours après le premier, pour servir de réponse.

Ce second portrait était un éloge continuel du lord S..., du commencement à la fin.

Après l'avoir comparé aux hommes les plus célèbres, le candide auteur réunissait les fleurs les plus éclatantes dont Plutarque ait orné ses illustres héros, pour en faire une couronne qu'il posait sur le front du noble anglais, et finissait par cette observation, que sa seigneurie leur ressemblant par ses vertus, avait, comme eux aussi, soutenu les plus violentes attaques de l'envie et de la malice, taxe toujours imposée sur les talens supérieurs.

Pourquoi milord S..., dis-je au libraire, a-t-il été préféré à tous les autres pairs du royaume ; pourquoi votre ingénieux ami l'a-t-il choisi pour sujet de ses critiques et de ses éloges ?

Parce que ce seigneur prend une part active aux affaires publiques, répondit-il, et qu'il a un caractère vigoureux et décisif qui attire toujours au possesseur un grand nombre d'amis et d'ennemis : ses ennemis seront ravis de le voir déchirer, ses amis seront enchantés de l'entendre louer. Les productions de mon ami trouveront une prompte vente dans ces deux classes, et j'espère que lord S... me vaudra un honnête bénéfice. Certainement, permet-

tez-moi de le dire , je ne tirerais pas un parti
aussi avantageux de tous nos nobles lords.
Bon dieu , quelques - uns d'entr'eux sont si
insipides , si fades , qu'ils ne pourraient in-
téresser aucun être vivant. Par exemple , un
jour je m'avisai d'un homme dont le rang est
si élevé , le nom si connu , que j'imaginai
pouvoir en faire quelque chose ; j'employai
donc mon petit brave pour et contre lui ,
et il produisit deux jolis pamphlets. Au moment où j'allais les envoyer à la presse , je
les montrai , par hasard , à un de mes amis ,
juge admirable de ces espèces d'ouvrages. Ces
pamphlets , dit-il , sont bien écrits , mais ils
ne payeront jamais l'impression : l'homme
qui en est le sujet a un caractère si froid ,
si soumis, si civil , si prudent , toutes ses
actions ont été si exactement pesées , qu'il n'a
jamais obligé ni désobligé personne de sa vie.
Aussi n'a-t-il ni amis ni ennemis dans le monde.
Chacun lui accorde une sorte de bonté ; mais
s'il se rompait le col , ce soir , aucune créature
humaine n'éprouverait ni chagrin , ni satisfaction de cet événement. Votre satire et votre
panégyrique seront lus avec le même intérêt
que s'ils étaient composés sur le compte de

sa grand'mère. J'ajoutai foi à cet avis, continua le libraire, les pamphlets n'ont jamais paru.

Quoique les raisonnemens de mon ami le libraire me divertissent beaucoup, cependant je ne pus m'empêcher de me sentir indigné de la conduite du brave littérateur qui vivait de cette manière infâme, en blessant et assassinant, ou au moins essayant d'assassiner la réputation des autres. Ceux qui, tout en détestant l'écrivain, prennent plaisir à lire ses écrits, ne sont pas non plus exempts de tout reproche; car, l'auteur peut s'excuser sur la nécessité pour atténuer sa méchanceté; mais le plaisir qu'ils goûtent semble produit par le désir désintéressé de voir déchirer leur prochain.

Beaucoup de gens qui se récrient sur la honteuse licence de la presse, et qui déclament contre la cruauté des satires personnelles insérées dans les papiers publics, se font apporter, chaque matin, ces mordantes productions, aussi régulièrement que le beurre et les rôties. S'ils renonçaient au plaisir de les lire, le mal dont ils se plaignent cesserait alors naturellement.

Mais il y a de l'ingratitude à ces avides lecteurs de montrer une indignation apparente contre les gens qui fournissent à une des plus grandes jouissances de leur vie , et il est aussi déplacé de se divertir le matin du scandale , pour le décrier le soir , avec une colère affectée , qu'il le serait à un juge de séduire une pauvre fille , et de la punir ensuite pour cette faute.

Peut-être tournerez-vous contre moi ce principe , en me rappelant que j'ai avoué mon admiration pour le style de certaines lettres célèbres , dans lesquelles plusieurs personnages connus sont disséqués et torturés avec la cruauté raffinée d'un inquisiteur. Mais je répondrai que j'admirais l'esprit et le génie , et non les sentimens développés dans ces lettres.

Quand la méchanceté est introduite par le génie et l'esprit, on la tolère souvent par respect pour les introducteurs ; mais quand la misérable vient seule , ou qu'elle est accompagnée par la stupidité , ce qui arrive fréquemment, elle doit être expulsée avec infamie de la bonne compagnie.

LETTRE LXX.

L'ARMÉE prussienne , d'après les informations que j'ai prises , monte à cent quatre - vingt mille hommes. En supposant que ce compte soit exagéré , et qu'il faille en déduire vingt ou trente mille , le reste sera encore très-considérable ; et la dépense qu'exige cet établissement en tems de paix , paraît à beaucoup de gens surpasser les ressources du roi de Prusse. Mais quoique les revenus de ce monarque soient beaucoup plus abondans qu'on ne l'imagine , cependant les armées qu'il a soutenues et soutient encore , le palais qu'il a bâti , les entreprises coûteuses qu'il a terminées , prouvent mieux encore sa prudence que sa richesse.

Plusieurs autres souverains ont des revenus plus considérables , mais dont l'effet est trop semblable à celui de ces eaux qui , répandues sur un sol inculte , y favorisent l'accroissement d'herbes inutiles. Peut-être ne connaissait-on pas les miracles que peuvent produire l'économie et l'assiduité dans toutes les branches d'un gouvernement, avant que ce monarque les eût rendus évidens.

Dans les états du roi de Prusse, il n'y a aucune de ces places qui enrichissent les individus aux dépens du public : les émolumens des emplois les plus lucratifs dans cette cour, donnent seulement à ceux qui les remplissent la faculté de vivre d'une manière honorable, et d'assurer l'existence de leur famille.

Tous les objets de luxe sont soumis à une très-forte taxe, et quoique l'argent soit beaucoup plus rare à Berlin qu'à Londres ou à Paris, un étranger n'y peut vivre à meilleur marché. Le roi a cherché à augmenter son revenu par tous les moyens possibles ; il a taxé même la vanité de ses sujets : depuis le commencement de son règne, il tire de grands secours de cette source abondante. La passion que les Allemands ont pour les titres, fait acheter aux riches bourgeois des charges à la cour ; et quoique le roi ne veuille employer que le mérite, cependant il a toujours permis cette espèce de trafic sans nul scrupule, parce que le titre seul est vendu, et l'acquéreur n'a pas plus de connaissance des affaires qui y semblent attachées qu'avant son marché. Sa majesté ne consulte jamais personne, mais elle a plus de conseillers privés qu'aucun autre roi.

Les taxes en général sont invariablement fixées ; mais on trouve le moyen de tirer, des possesseurs de grands biens, des contributions qui n'atteignent pas les petits propriétaires ni le reste des sujets. L'esprit du gouvernement n'est pas favorable aux seigneurs indépendans ; les paysans sont défendus de l'oppression ; les soldats étant pris dans cette dernière classe, on veille à ce qu'ils ne soient pas privés de la principale source de la santé et de la vigueur, et les paysans prussiens sont les mieux nourris de l'Europe.

Les Etats du roi de Prusse sont divisés en cercles ou cantons, et dans chacun de ces cantons, on a originairement levé un ou plusieurs régimens, proportionnellement à la population et à l'étendue de la division ; les recrues sont tirées respectivement des mêmes lieux, et en tems de paix, chaque régiment est mis en quartier près du canton qui l'a fourni.

Tous les fils d'un paysan, quel qu'en soit le nombre, sont soumis au service, excepté un qu'on lui laisse pour l'aider dans ses travaux. Les autres portent, dès leur enfance, une marque distinctive, qui signifie qu'ils sont destinés à être soldats, et prêts à marcher lorsque l'Etat les demande. Si un paysan n'a qu'un fils, il reste libre de suivre l'état qui lui plaît, à moins qu'il n'ait le malheur d'être extraordinairement brave et bien fait : le roi, cependant, cherche à sauver ses paysans, et tire autant de recrues qu'il peut des autres pays. Pour remplir ce but, des officiers prussiens, employés à Hambourg, Francfort, et dans plusieurs villes libres, enrôlent des hommes et ramassent les déserteurs. Les soldats qu'ils se procurent de cette manière restent constamment dans les régimens où ils sont placés ; mais les Prussiens ont chaque année huit ou neuf mois de congé, et pendant ce tems, ils retournent chez leur père et leurs frères, travaillent avec eux, ou gagnent leur vie comme il leur plaît ; cet usage, en même tems qu'il procure une immense diminution dans la dépense de l'armée, fait profiter l'Etat du travail de ce grand nombre d'hommes.

L'armée prussienne doit , par cette raison , être considérée comme une milice active , incorporée seulement deux ou trois mois de l'année , et ensuite dispersée et rendue à l'agriculture. Je pense que notre vieille dispute sur les armées et les milices , se trouvera ainsi décidée : sans doute dans votre réponse vous avouerez franchement que tous vos argumens pour prouver qu'il est impossible de compter sur une milice , étaient bâtis sur de faux principes , tandis que mon opinion était juste et bien fondée.

Avant de fermer cette lettre , je veux vous raconter un événement très-singulier qui s'est passé ici dernièrement. Je ne prétends point par ce récit vous faire connaître les sentimens du peuple de cette ville , mais vous présenter un fait curieux pour l'histoire de la nature humaine en général.

Je me trouvai il y a quelques jours , avec M. Fortescue , à l'exécution d'un homme , condamné pour le meurtre d'un enfant : mais les motifs qui l'avaient déterminé à commettre cette horrible action étaient plus extraordinaires que l'action elle-même. Quelques-uns de ses camarades voulant consulter un diseur de bonne aventure, il les suivit. Le devin, piqué du mépris qu'il montrait pour son art, lui prédit, par vengeance, qu'il mourrait sur un échafaud. Cette menace sembla lui faire peu d'impression dans le premier moment, mais ensuite elle revint souvent à la mémoire du malheureux homme ; bientôt elle lui devint plus pénible de jour en jour, et enfin tourmenta si incessamment son esprit, qu'il lui parut impossible de supporter plus long-tems sa misérable vie.

Il aurait mis fin lui-même à son existence, s'il n'avait été retenu par l'idée que Dieu ne pardonne jamais le suicide, quoiqu'un repentir sincère puisse obtenir sa miséricorde pour tout autre crime. Il résolut donc de commettre un meurtre pour être débarrassé de la vie par les mains de la justice ; et . mêlant un sentiment de bienveillance à la cruauté de son intention, il réfléchit que s'il assassinait une personne faite, il pourrait envoyer une ame en enfer. Pour éviter ce malheur, il se décida à assassiner un enfant, dont l'ame innocente irait immédiatement au ciel. D'après ce raisonnement, il assassina l'enfant de son maître, pour qui il avait toujours montré la plus vive tendresse.

Tel est l'étrange compte que ce pauvre égaré a rendu dans son interrogatoire ; et ainsi , une prophétie hasardée est devenue , comme dans bien d'autres exemples , la cause de son accomplissement.

LETTRE LXXI.

Berlin.

LE duc d'Hamilton ayant eu le désir de visiter la cour de Meklembourg - Strelitz , il a exécuté ce projet à son retour de Magdebourg et de Leipsick, et je l'ai accompagné. La chaleur était alors excessive , et sa grâce pensa qu'il serait plus agréable de voyager pendant la nuit : nous partîmes donc à six ou sept heures du soir. La première poste est à quatre mille allemands de Berlin ; mais une grande partie de la route traverse une forêt , et la nuit étant devenue très-sombre , les postillons perdirent leur chemin, nous fûmes bientôt complètement égarés ; après plusieurs essais infructueux pour découvrir le frayé , nous jugeâmes plus prudent de dételer les chevaux et de les laisser paître tandis que nous dormirions dans la chaise jusqu'au jour : ce plan fut littéralement suivi , et aussitôt que les domestiques , aidés par la lumière du soleil , eurent découvert la route , nous fûmes par Orianenbourg et Seidneck à Reinsbourg, superbe château qui appartient au prince Henri de Prusse , et dont il a orné les vastes jardins avec goût et magnificence.

En arrivant à la nouvelle ville de Strélitz, nous apprîmes que la cour était au nouveau Brandebourg. Le vieux Strélitz était autrefois la résidence ducale ; mais le palais et les meubles ayant été réduits en cendres, il y a cinquante ans , un nouveau palais a été bâti depuis à deux milles de l'ancien , et dans une position beaucoup plus agréable. Il est sur une petite éminence près d'un beau lac , et la nouvelle ville de Strélitz s'est graduellement accrue dans le voisinage.

Après un court séjour à Strélitz nous partîmes pour le nouveau Brandebourg , qui est à quelques lieues plus au nord , et à peu de distance de la Baltique. Nous arrivâmes dans cette ville le troisième jour après notre départ de Berlin. Aussitôt que le chambellan de la cour fut informé de l'arrivée du duc d'Hamilton , nous reçûmes une invitation pour dîner, et un carrosse fut mis à la disposition de sa grâce.

Le duc régnant de Mecklembourg-Strélitz, et la princesse sa sœur qui vit constamment avec lui ne sont pas mariés ; ils ont l'un et l'autre le teint plus blanc que la reine d'Angleterre, leur taille est moins élevée, et en général ils n'ont de ressemblance extérieure avec sa majesté que par l'affabilité de leurs manières. Le Duc s'est acquis l'amour de ses sujets par son humanité et sa bienveillance qui semblent être des traits caractéristiques de la famille entière. Après dîner il y eut un concert, et ensuite on joua jusqu'au souper.

Pendant plusieurs siècles le pays de Mecklembourg a été soumis en entier au gouvernement d'un seul prince. Mais en 1592 , à la mort du souverain, il fut divisé entre ses deux fils. L'aîné conserva le duché de Mecklembourg-Schwerin , qui est beaucoup plus considérable que l'autre partie , et le cadet obtint le duché de Mecklembourg - Strélitz ; cette dernière branche s'éteignit en 1695 , et le duc Frédéric-Guillaume , de la branche aînée , fit valoir son droit à l'héritage du duché de Strélitz, mais Adolphe-Frédéric, plus jeune frère de son père, le lui disputa. Ce débat se termina en 1701 par un compromis entre les parties intéressées. Le droit de primogéniture et la succession directe furent alors établis dans les deux maisons, et l'Empereur ratifia cet accord final.

Le pays n'est point ici une plaine sablonneuse comme autour de Berlin, le sol devient graduellement meilleur lorsqu'on s'éloigne de cette ville, et auprès du nouveau Brandebourg il est très-fertile. Quoique les bords méridionaux de ce duché soient plats et stériles, cependant toute la partie du nord est couverte d'une riche verdure, et agréablement diversifiée par des montagnes, des prairies, des forêts, et plusieurs beaux lacs depuis quatre jusqu'à dix milles de longueur. Les champs rapportent du blé, du chanvre et du lin en abondance, et les pâturages nourrissent de nombreux troupeaux de moutons et des chevaux de bonne race. Le nouveau Brandebourg est une ville neuve, riche et très-agréablement située. Les habitans font un commerce considérable sur le houblon, dont ils récoltent une grande quantité dans les environs.

Ce pays, qui semble heureusement partagé en souverains, ne comptera pas parmi les avantages dont il jouit, le voisinage d'un prince aussi guerrier que le roi de Prusse. Dans le cours de la dernière guerre les princes de Mecklembourg souffrirent beaucoup de cette proximité ; les Russes et les Autrichiens qui pillèrent les frontières de Brandebourg ne respectèrent pas trop scrupuleusement la ligne de démarcation qui séparait les domaines du duc de Strelitz de ceux du roi de Prusse. Ils emportèrent ce qu'ils trouvèrent de précieux sur le territoire de l'un et de l'autre, et quand ce monarque lui-même, réduit à l'extrémité, se vit obligé d'user de tous les moyens pour recruter son armée, il prodigua les caresses et les artifices pour séduire les Mecklembourgeois et les faire entrer au service de Prusse. Lorsque cette méthode ne réussissait pas, on employait la force. A présent encore, lorsque les officiers recruteurs découvrent un paysan fort et bien bâti, appartenant au duché de Mecklembourg, ils mettent en usage toutes les voies de persuasion pour le déterminer à entrer au service de leur maître. Sa majesté Prussienne reçoit souvent des plaintes de ces pratiques, et justice sera faite quand il plaira au Seigneur.

Le second jour de notre arrivée , nous passâmes la matinée à parcourir la ville pour voir
ce qui pouvait mériter notre attention , et
nous dinâmes encore à la cour, où nous
fûmes plus nombreux que la première fois.
Après dîner nous suivîmes son Altesse et la
Princesse à une assemblée dans la ville , et
nous revînmes ensuite à la cour. Pendant le
souper il y eut concert vocal et instrumental.
Nous prîmes congé du prince et de la princesse , après en avoir reçu mille marques
d'attention , et nous quittâmes la ville le lendemain. Nous revînmes par le vieux Strélitz ,
qui n'est pas dans un état si florissant ni si
bien situé que le nouveau Brandebourg. Quand
les Anglais traversent ce pays , ils réfléchis-
sent naturellement sur le caractère d'une princesse dont les vertus donnent un nouvel éclat
au trône Britannique , et qui a su , par ses
manières aimables et sa conduite prudente ,
s'assurer l'affection d'un peuple divisé d'opinion sur tout autre sujet et entièrement livré
à l'esprit de parti.

De retour à Berlin , je trouvai une lettre
de lord Maréchal qui m'apprenait que le roi
était attendu à Potzdam dans très - peu de

jours , qu'on avait fait de grands préparatifs pour la réception de la princesse de Hesse
et de la duchesse de Wurtemberg , venues
l'une et l'autre à Berlin dans l'intention de
visiter le Roi à Sans-Souci , et qu'elles seraient
accompagnées par la princesse Amélie , la
sœur du roi qui n'est pas mariée , et ses deux
belles-sœurs , et que des appartemens étaient
préparés pour elles au nouveau palais , où sa
majesté devait résider pendant tout le séjour
de ses illustres hôtes. Milord ajoutait que déjà
le célèbre Le Kain , une troupe d'acteurs français et des chanteurs italiens pour l'opéra
étaient arrivés ; que ces deux troupes devaient
jouer dans le palais , qu'on attendait beaucoup
de monde , que la plupart des appartemens
étaient déjà loués , mais que nous supposant
le désir de venir dans cette ville , il avait retenu des logemens pour nous.

Le Duc fut très - satisfait de l'obligeante attention de lord Maréchal; je pris ensuite quelques informations sur ce sujet auprès de M.
Harris , et je lui demandai s'il comptait être
à Potzdam pour ces fêtes : il me répondit que
le spectacle et les autres divertissemens devant être donnés dans le palais , ceux qui au-

raient des invitations pourraient seuls être admis , que ni lui , ni aucun ministre étranger
n'avait été et ne serait invité , et qu'il jugerait
peu convenable que le duc d'Hamilton se trou-
vât à Potzdam dans ce tems , s'il n'avait pas la
liberté de prendre part aux amusemens de
Sans-Souci.

Le Duc, en apprenant ces détails, se décida
à rester ici : mais quelques jours après, je
reçus une lettre du comte de Finkenstein qui
me prévenait qu'il avait ordre d'inviter le duc
d'Hamilton et moi aux amusemens de Sans-
Souci : cette nouvelle nous fit beaucoup de
plaisir, non pas précisément en raison des
fêtes en elles - mêmes , mais parce que nous
pensions qu'elles nous donneraient la facilité
de voir le roi plus familièrement qu'à Berlin ;
car sa grâce montre plus de froideur pour les
plaisirs et la splendeur des cours qu'on ne
pourrait l'imaginer, d'après la manière dont
il est reçu, son âge et son extérieur :

Namque ipsa decoram
Cæsariem nato genitrix , lumenque juventæ
Purpureum , et lætos oculis afflárat honores.

Vénus elle-même de son souffle divin a donné à sa chevelure une
grâce nouvelle; la fraîcheur et l'éclat de sa jeunesse brillent sur
ses traits, et ses yeux sont animés d'une expression céleste.

Depuis notre retour de Mecklembourg nous avons passé presque tout notre tems avec M. Harris : il accompagna hier le Duc dans sa dernière visite à Schœnhausen , car probablement nous ne retournerons pas de Potzdam à cet endroit. M. Fortescue est parti il y a quelques jours pour Francfort sur le Mein. Son caractère aisé , et le tour original de ses pensées font sentir son absence avec peine à tous ceux qui ont joui de sa conversation.

LETTRE LXXII.

Potzdam.

Nous sommes ici depuis quinze jours : le roi s'est rendu au palais neuf de Sans-Souci, à peu près en même tems que nous à Potzdam. Il a été reçu par la princesse Amélie qui est maîtresse des cérémonies. Toutes les personnes que je vous ai déjà nommées logent dans le palais.

Depuis leur arrivée , il y a une représentation dramatique deux ou trois fois la semaine. Le Duc et moi nous n'allons à Sans-Souci que

les jours de spectacle. Nous partons de Potzdam à cinq heures ; tout le monde se rassemble
dans un des appartemens du palais , et passe
dans la salle de spectacle un peu avant six
heures. Cette salle est construite d'une manière
commode pour un auditoire peu nombreux.
Il n'y a ni parterre ni loges , mais en face du
théâtre des bancs demi-circulaires s'élèvent en
amphithéâtre , et tous les spectateurs voient
également ; lorsqu'ils sont placés là famille
royale entre ; la princesse Amélie est menée
par le prince Frédéric de Brunswick , et la
princesse de Hesse par le roi ; la duchesse de
Wurtemberg et les autres princesses viennent
ensuite avec les dames qui les accompagnent ;
elles occupent les premiers rangs ; le roi se
place ordinairement dans le troisième ou quatrième : alors le spectacle commence ; il finit
à neuf heures , et l'on revient dans le grand
appartement où le roi cause familièrement
jusqu'à ce que le souper soit prêt ; il se retire
ensuite et se couche à dix heures.

Ceux que la princesse Amélie ordonne d'inviter restent à souper. Nous avons été trois ou
quatre fois à ces repas , et nous revenons ordinairement vers minuit. Jusqu'à présent on

n'a point joué de comédie, et j'ai appris qu'on n'en représenterait point, parce que Le Kain ne joue jamais la comédie ; d'ailleurs sa majesté aime mieux la tragédie, et cette raison équivaut à dix mille autres. Le Kain a déjà paru dans plusieurs de ses principaux rôles, et vous pouvez croire qu'il développe tous ses moyens pour plaire à un auditoire qui excite vivement son amour-propre. Son jeu semble plaire au roi ; en conséquence les courtisans l'applaudissent avec transport, et le louent à l'envi les uns des autres.

La tragédie d'OEdipe est la pièce favorite de sa majesté ; elle a été représentée deux fois, et sa majesté a paru écouter avec un plaisir particulier cette tirade contre les prêtres :

Tandis que par vos soins vous pouvez tout apprendre,
Quel besoin que le Ciel ici se fasse entendre ?
Ces Dieux dont le Pontife a promis le secours,
Dans leurs temples, Seigneur, n'habitent pas toujours.
On ne voit point leur bras si prodigue en miracles ;
Ces autres, ces trépieds qui rendent leurs oracles,
Ces organes d'airain que nos mains ont formés,
Toujours d'un souffle pur ne sont point animés.
Ne nous endormons point sur la foi de leurs prêtres ;
Aux pieds du sanctuaire il est souvent des traîtres,
Qui, nous asservissant sous un pouvoir sacré,
Font parler les destins, les font taire à leur gré.

Voyez, examinez avec un soin extrême,
Philoctète, Phorbas, et Jocaste elle-même.
Ne nous fions qu'à nous, voyons tout par nos yeux ;
Ce sont là nos trépieds, nos oracles, nos Dieux.

j'étais assis près de l'abbé Bastiani, tandis que l'actrice, chargée du rôle de Jocaste, débitait une autre tirade du même genre, qui se termine par ces lignes :

Nos prêtres ne sont pas ce qu'un vain peuple pense ;
Notre crédulité fait toute leur science.

le roi souriait, toussait, et faisait des signes très-expressifs à cet ecclésiastique.

Mais quoique ces passages, ainsi que plusieurs autres semblables, à la première vue attaquent fortement les prêtres, la tragédie d'OEdipe leur fait au total beaucoup d'honneur ; car tout ce qui se dit contre eux paraît injuste à la fin, puisqu'il est reconnu que l'oracle, traité d'abord si sévèrement, est vrai, et que le grand-prêtre agissait en homme honnête et vertueux. Je suis surpris que Voltaire ait pris pour sa pièce le plan de la tragédie grecque, ce qui l'a forcé comme Balaam, le fils de Baruch, à rendre hommage à ceux qu'il aurait mieux aimé maudire, et le roi de son côté ne pouvait choisir plus mal, si son intention était de tourner le clergé en ridicule.

Je suis loin de reprocher à cette pièce de donner une opinion trop favorable des prêtres, parce que je juge les hommes d'après ma propre expérience, et j'en ai connu de si bons dans cette profession, que je la respecte en leur considération, sans avancer ici les autres raisons qui pourraient encore m'y porter.

Mais j'avoue que je ne saurais partager l'admiration dont le roi et beaucoup d'autres personnes respectables font profession pour la tragédie d'OEdipe.

Si j'en crois mes faibles lumières la fable est trop horrible, le mariage d'OEdipe avec sa mère révolte, et l'idée qu'il donne de la Providence et de la conduite des dieux ne peut produire un bon effet. Il paraît très-injuste qu'ils envoient la peste aux habitans de Thèbes, et qu'ils accablent le pauvre OEdipe et Jocaste de leur vengeance pour les punir des crimes dont ils les savent innocens. On ne peut s'empêcher de trouver très-fondés les reproches qu'OEdipe leur adresse quand il dit :

> Le voilà donc rempli cet oracle exécrable,
> Dont ma crainte a pressé l'effet inévitable !
> Et je me vois enfin, par un mélange affreux,
> Inceste et parricide, et pourtant vertueux.

Misérable vertu, nom stérile et funeste !
Toi par qui j'ai réglé des jours que je déteste !
A mon noir ascendant tu n'as pu résister ;
Je tombais dans le piége en voulant l'éviter :
Un Dieu plus fort que moi m'entraînait vers le crime ;
Sous mes pas fugitifs il creusait un abîme,
Et j'étais malgré moi, dans mon aveuglement,
D'un pouvoir inconnu l'esclave et l'instrument.
Voilà tous mes forfaits, je n'en connais point d'autres.
Impitoyables Dieux ! mes crimes sont les vôtres,
Et vous m'en punissez.

Cependant je crois que Jocaste exprime une idée fausse dans les vers qui terminent la tragédie :

Prêtres, et vous, Thébains, qui fûtes mes sujets,
Honorez mon bûcher, et songez à jamais
Qu'au milieu des horreurs du destin qui m'opprime,
J'ai fait rougir les Dieux qui m'ont forcée au crime.

Car ceux qui peuvent forcer des gens innocens à commettre des actions infâmes, pour les punir ensuite de ces mêmes actions, ne sont plus capables de rougir.

On représente alternativement une tragédie et un opéra italien ; le roi suit exactement l'un et l'autre, et sa physionomie indique l'extrême sensibilité pour la musique, qui réellement fait partie de son caractère. J'imagine que si jamais ce prince voulait se soumettre à dissimuler, il y réussirait bien mal ;

tous ses traits expriment si vivement ses sentimens, que l'un trahirait ce que l'autre s'effor-
cerait de cacher. Quand il n'y a pas de spectacle, sa majesté a dans son appartement un
concert où il joue lui-même de la flûte allemande avec le plus grand talent. Aucun étranger n'est admis à ces concerts.

LETTRE LXXIII.

Potzdam.

En arrivant ici, j'étais très-empressé d'examiner le service des troupes prussiennes; mais
les revues de Berlin ont complètement satisfait
ma curiosité, et quoique les jardins du palais
soient en face des fenêtres de notre auberge,
à peine vais-je regarder la parade qui se fait
tous les jours après midi; cependant me promenant dernièrement de bon matin à un mille
à peu près de la ville, et voyant des soldats
sous les armes à une petite distance de la
route, je m'approchai d'eux; un officier à
cheval, que je pris d'abord pour le major,
allait de rang en rang avec beaucoup d'activité

pour réprimander ou instruire les soldats ; mais je fus bien surpris , en le considérant de plus près , de reconnaître le roi lui-même. Il avait son épée nue à la main , et il continua à exercer ce corps pendant une heure ; il le fit tourner , marcher , tirer par divisions et par pelotons , observant tous les mouvemens avec une attention infinie. Deux officiers du régiment du prince de Prusse ayant commis quelques fautes , il les mit aux arrêts. Enfin , il montrait toute la vivacité d'un jeune officier jaloux de fixer l'attention de son général. Etonné que le roi , au lieu de prendre du repos , se livrât encore à une occupation dont il devait être si fatigué , je dis à un des officiers présens que j'avais peine à comprendre comment sa majesté pouvait se donner tant de peine pour une poignée d'hommes , en revenant d'exercer des armées entières.

Il me répondit que le roi avait essayé ce jour quelques nouvelles manœuvres, mais que sans ce motif particulier il aurait pu encore se livrer aux mêmes soins , parce qu'il avait pour maxime de faire déployer à ses troupes , dans un jour de parade ordinaire la même vivacité que sur le champ de bataille , et de laisser ignorer s'il assisterait ou non à l'exercice ; que quant au repos, il s'y livrait seulement depuis dix heures du soir jusqu'à quatre du matin, tout le reste de son tems étant consacré à des occupations soit de corps, soit d'esprit, ou même de l'un et de l'autre, et qu'enfin l'exercice qu'il venait de prendre était une sorte de délassement après trois heures de travail dans son cabinet.

Plus je vois cet homme extraordinaire, plus j'en entends parler, plus je suis étonné de trouver réunies en lui des qualités que j'étais habitué à croire incompatibles. Je supposais l'esprit livré à de très-petits détails incapables de s'occuper de vues plus étendues. Maintenant je suis convaincu qu'il existe au moins une exception à cette maxime générale ; car tandis que son génie embrasse les plus grands objets, aucun ne semble assez petit pour échapper à son attention. Je croyais encore qu'un homme doué d'une imagination vive et féconde ne pouvait se soumettre à entrer dans les détails d'une affaire ; je vois à présent que malgré l'activité de son esprit, ce monarque sait suivre méthodiquement la route des affaires avec la patience et la persévérance du plus épais commis qui jamais travailla dans un comptoir.

Depuis ma dernière lettre , nous avons vu jouer les italiens ; mais les tragédies , les opéras et tous les autres amusemens ne m'intéressent pas autant , et ne pourraient m'attirer à Sans-Souci avec autant d'assiduité que l'avantage de voir le roi. D'autres monarques acquièrent de l'importance par le rang élevé où ils sont placés , ce prince donne de l'importance au sien. Le voyageur , dans d'autres pays , a le désir de voir le roi, parce qu'il admire le royaume ; ici, au contraire , les palais et les villes , la campagne et l'armée intéressent principalement parce que ce sont les possessions de Frédéric II , de l'homme qui , sans autre allié que l'Angleterre , repoussa les forces réunies de l'Autriche , de la France , de la Russie et de la Suède.

Le comte Nesselrode , causant avec moi sur ce sujet , employa une image également juste et frappante : c'est dans l'adversité qu'il brille , me dit-il ; lorsqu'il est bien comprimé il a un ressort irrésistible. Le soir du jour où j'avais vu le roi, j'allai à Sans-Souci , car je ne voulais négliger aucune occasion de me trouver avec le monarque. J'aime à rester près de lui pour l'entendre parler et observer ses mouvemens ', ses attitudes , ses actions les plus indifférentes. Il est toujours d'une affabilité particulière avec le duc d'Hamilton , et ce même soir , sa grâce et moi , nous étions restés avec le comte de Finkenstein dans une pièce adjacente au grand appartement où tout le monde était réuni , lorsque le roi entra seul au moment où nous l'attendions le moins , et entama sur le champ une conversation avec le Duc. Il lui adressa plusieurs questions relatives à la constitution Britannique , et lui demanda à quel âge un pair pouvait siéger au parlement : le Duc répondit , à vingt-un ans : il est évident alors , dit le roi, que les patriciens anglais acquièrent les talens nécessaires pour la législation beaucoup plutôt que ceux de l'ancienne Rome qui n'étaient pas admis au sénat avant quarante ans. Il s'informa ensuite de la santé de lord Chatam , et exprima hautement son estime pour le caractère de ce ministre. Il me demanda si j'avais reçu des lettres par le dernier courier , et si elles contenaient quelques détails sur les affaires d'Amérique. Il ajouta que selon les nouvelles de Hollande les troupes anglaises avaient été chassées de Boston, et que les Américains étaient maîtres de cette place. Je lui dis que nos lettres nous annonçaient que l'armée avait quitté Boston pour faire une attaque ailleurs avec plus d'effet.

Il sourit, et dit: si vous ne reconnaissez pas cette retraite comme une affaire de nécessité, au moins vous admettrez qu'elle s'est faite fort à propos.

Il nous raconta qu'il avait appris que plusieurs officiers anglais étaient entrés dans le service américain; il cita le colonel Lée qu'il avait vu à sa cour. Il observa qu'il était difficile de gouverner les hommes par la force à une telle distance; que si les Américains étaient battus, ce qui paraissait un peu problématique, il serait encore presque impossible de continuer à leur faire payer des taxes : si nous projettions une conciliation, nos mesures étaient trop dures; si, au contraire, nous voulions les soumettre, elles étaient trop douces. Il conclut par ces mots : enfin, Messieurs, je ne comprends pas ces choses-là, je n'ai point de colonies. J'espère que vous sortirez bien de ces affaires, mais elles me semblent un peu épineuses. Il nous quitta ensuite, et fut à l'appartement de la princesse pour la mener au spectacle, tandis que nous fûmes prendre place parmi l'auditoire déjà rassemblé. On joua Mahomet, qui est à mon avis la plus belle tragédie de Voltaire, et celle où Le Kain paraît avec le plus d'avantage.

LETTRE LXXIV.

Potzdam.

Vous exprimez un si vif désir d'être instruit de tout ce qui peut avoir rapport au roi de Prusse, que je crains d'alonger mon récit d'une manière fatigante. Cependant j'aime mieux courir ce risque que de vous laisser croire que je n'aie pas voulu satisfaire votre curiosité.

Pourtant n'imaginez pas que je prétende faire un portrait achevé de ce monarque, ce doit être l'ouvrage de peintres beaucoup plus habiles, et qui joignant au talent l'habitude de le voir familièrement, puissent donner à leur coloris une vigueur digne de l'original. Je chercherai seulement à vous présenter une esquisse de ses traits aussi fidèle que peuvent le permettre les occasions passagères que j'ai eues de voir moi-même, et de recueillir les observations de ceux qui passent avec lui une grande partie des heures qu'il consacre aux plaisirs de la table ou de la conversation.

Le roi de Prusse est au-dessous de la taille moyenne, bien fait, et singulièrement actif pour son âge. L'exercice et une vie laborieuse l'ont rendu vigoureux, car sa constitution semble avoir été faible originairement; son regard indique l'esprit et la pénétration, il a de beaux yeux bleus, et, à mon avis, sa physionomie au total est agréable. Quelques personnes sont d'une opinion différente, et tous ceux qui le jugent sur ses portraits doivent penser de même, car quoique j'en aie vu un grand nombre qui lui ressemblaient un peu, et quelques-uns qui lui ressemblaient beaucoup, cependant aucun d'eux ne lui rend justice : ses traits acquièrent, lorsqu'il cause, une étonnante expression qui échappe au pinceau ; il penche presque constamment la tête d'un côté ; le son de sa voix est le plus clair et le plus agréable que j'aie jamais entendu ; il parle beaucoup, ceux qui l'entendent regret-

tent qu'il ne parle pas davantage ; ses remarques sont toujours vives et très-souvent justes :
peu d'hommes ont la repartie plus prompte et
plus piquante.

Son costume, qu'il varie rarement, consiste en un habit bleu dont la doublure et les
revers sont rouges, une veste et une culotte
jaunes et des bottes à la hussarde.

Son chapeau paraîtrait d'une grandeur ex-
travagante en Angleterre, quoiqu'il soit de la
dimension ordinaire de ceux des officiers de la
cavalerie prussienne ; il le porte habituellement tout à fait de côté et enfoncé sur ses
yeux.

Ses cheveux sont attachés derrière et forment une seule boucle de chaque côté, ils
sont si négligemment peignés, et si inégale-
ment poudrés, qu'il est facile de voir que le
coiffeur est contraint de remplir son office
avec beaucoup de précipitation.

Il se sert d'une très - grande tabatière d'or
entourée de diamans, et prend une immense
quantité de tabac d'Espagne ; ses vestes et ses
culottes en portent fréquemment les marques,
comme aussi celles de deux ou trois lévriers
italiens qu'il caresse souvent.

Il s'habille le matin en se levant ; sa toilette n'emploie que peu de minutes et sert pour toute la journée.

Vous avez souvent entendu dire que tout son tems , depuis quatre ou cinq heures du matin jusqu'à dix du soir , est consacré méthodiquement à des occupations particulières : cela est parfaitement vrai , et il y a bien des années que cet arrangement n'avait souffert une interruption pareille à celle que ses nouveaux hôtes ont occasionnée.

Aussi quelques personnes , qui prétendent à une pénétration peu commune , asurent qu'on peut apercevoir des marques de mécontentement sur sa physionomie , et qu'il n'y aura de long-tems une autre réunion à Sans-Souci. Toutes les affaires avec le roi sont expédiées par lettres ; les pétitions ou propositions doivent être présentées dans cette forme , qui est adoptée si invariablement que si un de ses généraux désire élever un cadet au grade d'enseigne , il ne s'aventure pas à le proposer d'une autre manière , quoiqu'il ait journellement l'occasion de parler à sa majesté.

Le dernier de ses sujets peut avoir recours à lui en écrivant , et il est sûr d'obtenir une réponse. Sa première affaire, chaque matin, est de lire les papiers qui lui sont adressés. Un seul mot écrit à la marge avec son crayon indique la réponse à faire, qui est ensuite expédiée dans les formes par ses secrétaires. Cette méthode donne au roi le tems de délibérer sur la justice des demandes, et ôte toute possibilité de lui surprendre une promesse dont l'exécution pourrait offrir des inconvéniens.

Il dîne à midi, et prolonge davantage qu'autrefois la durée de ce repas. A présent, il ne quitte pas avant trois heures les personnes invitées à dîner avec lui, qui sont ordinairement huit ou neuf de ses officiers. Depuis que nous sommes à Potzdam, le comte Nesselrode et l'abbé Bastiani, tous deux hommes de lettres, étaient les seuls admis à la table du roi, outre ses officiers, pendant qu'il vivait à sa manière habituelle au vieux palais de Sans - Souci. Maintenant le comte a quitté cette cour, et l'abbé est logé au palais; ce dernier est italien, homme d'esprit et d'excellente compagnie.

Le roi aime qu'à table tout le monde soit sur un pied égal, et que la conversation soit soutenue avec une parfaite liberté. Cela est tout à fait impossible ; cet abandon confiant , ces effusions de cœur , qui font le charme d'une société d'égaux , sont des plaisirs qu'un prince ne saurait goûter ; cependant sa majesté désire en jouir , et ceux qui l'entourent font le mieux qu'ils peuvent pour le satisfaire. Dans un de ces momens , le roi étant de bonne humeur, dit à l'abbé Bastiani : — Quand vous obtiendrez la thiare, que votre piété exemplaire doit vous procurer un jour , comment me recevrez-vous lorsque j'arriverai à Rome pour rendre mes devoirs à votre sainteté?—Je dirai, répondit vivement l'abbé , qu'on fasse entrer l'aigle noir, qu'il me couvre de ses aîles ; mais qu'il m'épargne de son bec.

Personne ne dit plus de choses vives et spirituelles dans la conversation que le roi. On répète ici beaucoup de ses bons mots. J'en citerai un seul qui est tout à la fois une preuve de son esprit et de sa grandeur d'ame , puisqu'il montre avec quelle magnanimité il sut rendre justice au mérite d'un homme qui lui avait fait éprouver plus de vexations qu'aucune personne vivante. Lorsque le roi de Prusse se rencontra avec l'Empereur, il y a quelques années , ils dînèrent toujours ensemble avec un certain nombre de leurs principaux officiers.

Un jour le général Laudhon allait se placer au bas de la table , lorsque le roi , qui était au haut bout , l'appela ; venez , je vous en prie , M. Laudhon, placez-vous ici, j'aime infiniment mieux vous avoir de mon côté que vis-à-vis.

Quoique la franche cordialité et les douceurs d'une société sans contrainte ne puissent se trouver dans un cercle , où la fortune de chacun dépend de la volonté de l'un de ceux qui le composent , cependant le roi cherche à mettre tout le monde à l'aise autant qu'il peut ; et j'ai entendu dire qu'il supportait des réparties très-sévères avec une gaieté parfaite. Il a trop d'esprit lui-même , et il aime trop à en trouver dans les autres , pour repousser les attaques qu'il suggère avec d'autres armes que celles qu'il lui fournit. Le plus absurde des sots pourrait seul avoir la volonté de railler sans avoir celle de permettre la raillerie ; comme aussi l'ame la plus basse pourrait seule concevoir la pensée de se venger , avec la puissance d'un roi , des libertés prises dans l'abandon de la conversation.

Un peu avant la dernière revue , il arriva un léger incident qui donne un exemple d'autant plus frappant de la franchise hardie qu'on peut avoir avec lui , qu'elle ne fut pas excitée dans cette occasion par les plaisirs de la table , mais par l'exactitude militaire.

Deux régimens étaient à la parade , celui du général.... en était un ; cet officier aime passionnément le monde , et passe plus de tems dans la société des ministres et des étrangers que la plupart des autres officiers Prussiens. Probablement quelque chose avait contrarié le roi cette matinée. Tandis que le régiment s'avançait sur une ligne , il dit au général, qui était près de lui : Votre régiment n'est pas aligné , Monsieur ; cela n'est pas surprenant , vous jouez tant aux cartes. À l'instant le général cria au régiment *halte*. Il s'arrêta sur le champ. Alors se tournant vers le roi , il dit : Sire , il n'est pas question de mes cartes , mais ayez la bonté de regarder si ce régiment n'est pas bien aligné. Le régiment formait en effet une ligne parfaitement droite. Le roi s'éloigna sans parler et paraissant mécontent , non pas du général , mais de lui-même. Ce brave officier n'a eu depuis aucune raison de croire que le roi eût mal pris cette liberté.

J'ai déjà dit qu'il est absolument impossible de posséder un emploi dans le service du roi de Prusse sans en remplir les devoirs. Actif lui-même et assidu , il veut que ses ministres et tous ceux qui le servent le soient aussi : lorsqu'on sait son affaire , qu'on la conduit exactement , on trouve en lui un maître facile et équitable.

Un gentilhomme fixé depuis beaucoup d'années près de sa personne , et maintenant son aide-de-camp , disait : Le roi sait ce qui doit se faire , et ses serviteurs ne sont jamais exposés aux ordres ridicules et contradictoires de l'ignorance , ni soumis aux humiliations du caprice.

Ses favoris ne parvinrent jamais à obtenir de l'influence sur lui relativement aux affaires. Personne ne sait mieux que lui distinguer le mérite de ceux qui le servent dans les postes importans , de celui des gens qui contribuent à son amusement. Un homme , dont l'ennemi jouirait de la faveur du roi , s'il fait son devoir avec activité et fidélité , n'a rien à redouter ; que l'un soit admis à la table du roi tous les jours , et que l'autre , au contraire , ne reçoive jamais une seule invitation , cependant le mérite réel de tous les deux est connu , et si son adversaire essayait de faire servir la faveur du

roi à la satisfaction d'une haine particulière ,
il serait repoussé avec dédain , et le mal qu'il
aurait voulu faire retomberait sur lui.

LETTRE LXXV.

Potzdam.

Les jours où il n'y a pas de cour publique ,
à Sans-Souci , nous dînons ordinairement
avec lord Maréchal , qui se trouve toujours
heureux de voir le duc d'Hamilton , et dont les
anglais reçoivent de grands services pendant
leur séjour ici ou à Berlin. C'est , sans doute ,
à très-juste titre que le Duc jouit de l'estime
de ce seigneur ; mais il doit la partialité évidente qu'il lui montre , à l'avantage d'appar-
tenir à son pays , et d'y occuper un rang distingué ; car , avec des sentimens généreux et
un cœur bienveillant , ce vénérable seigneur
conserve cependant encore quelques préjugés
calédoniens.

Il demandait un jour au Duc s'il se regar-
dait comme écossais ; oui , certainement , répondit sa grâce. Alors , vous êtes dans l'er-

reur, dit Mylord ; car, je suis convaincu, et le meilleur avocat de l'Angleterre vous l'assurera comme moi, que vous avez un bien plus juste droit à tous les priviléges attachés à vos titres anglais, et pourtant je crains que l'on ne vous en dispute encore quelques-uns.

Il faut croire, dit le Duc, que la Chambre des Pairs ne refusera pas toujours de rendre justice à ma famille ; et je me flatte qu'après un examen plus complet, elle m'accordera les priviléges qui, sans aucune raison solide, ont été enlevés à mes ancêtres. Mais en 'attendant, pourquoi votre Seigneurie, plus cruelle que les Pairs, me dispute-t-elle le droit de ma naissance et le nom d'écossais ?

Parce que votre naissance ne vous donne pas le droit de le porter, répliqua le Comte ; vous n'êtes réellement qu'un anglais du nord, à moins que vous ne puissiez prouver que vous êtes né avant l'union ; mais, continua-t-il avec un air de triomphe, je suis un véritable écossais ; ajoutant, un peu après avec un soupir et un accent plaintif, et presque le seul dans le monde entier. Tous les écossais de ma connaissance sont morts.

Le bon vieux Comte aime à parler de son

pays et des jours de sa jeunesse. Lorsque je lui fais des questions sur le roi de Prusse, ou sur l'Espagne et l'Italie qu'il a habitées si long-tems, il me répond avec briéveté, pour parler encore de l'Ecosse, à laquelle son cœur semble merveilleusement attaché. Pendant le dîner, un montagnard, engagé à son service, joue de la cornemuse. J'ai observé que les anglais du nord, pour suivre la distinction du lord Maréchal, zélés pour l'intérêt et l'honneur de leur pays, et fiers d'être nés au nord, sont passionnés pour cet instrument : vous avouerez, au moins, que votre brave ami lord Eglintoun, confirme la vérité de cette observation, et qu'il faut avoir un ardent patriotisme ou une forte dose d'amour calédonien pour être très-sensible à la mélodie d'une cornemuse.

Une après-midi j'entrai chez lord Maréchal, au moment où le roi venait de le quitter ; car, ce monarque, sans avoir donné le moindre avis, vient quelquefois par les jardins, voir son vieil ami, pour qui il a un attachement inaltérable : il l'estime personnellement, et conserve la plus haute considération pour la mémoire du lord Keith, son frère.

Un autre jour j'étais avec le Comte lorsque les princesses de Prusse et de Hesse entrèrent avec le prince Frédéric de Brunswick,
et lui demandèrent du café, que mylord fit
apporter sur le champ avec quelques melons,
en disant aux princesses qu'il savait bien qu'elles
ne resteraient pas avec un homme de quatre-
vingts ans le tems nécessaire pour préparer
un meilleur repas. Vous pensez bien que,
favorisé ainsi par le monarque et les princes,
le vieux Comte voit le reste de la cour cultiver avec soin son amitié.

Le prince héréditaire de Prusse habite une
petite maison à Potzdam. Ses revenus n'ad-
mettent pas le degré de magnificence que l'on
pourrait attendre de l'héritier de la couronne;
mais il montre une hospitalité beaucoup plus
obligeante que la magnificence, et qui paraît
méritoire, lorsque l'on considère la médiocrité
du revenu qui lui est alloué. Nous soupons
chez ce prince deux ou trois fois par semaine.

Le prince n'est pas souvent des parties du
roi, et même on pense qu'il ne jouit pas
d'une très-grande faveur auprès de son oncle :
ses talens, comme général, ne sont pas encore connus. Pendant la dernière guerre il

était trop jeune pour avoir un commandement; mais il a un esprit juste et perfectionné par l'étude. Son admiration pour plusieurs auteurs anglais, dont il avait lu les
ouvrages en français et en allemand, l'a fait
travailler avec assez de persévérance pour acquérir quelque connaissance de la langue anglaise; il lit facilement la prose, et commence
à étudier Shakespear. Je lui observai que Shakespear, dont le génie avait tracé tous les
labyrinthes et pénétré dans tous les replis du
cœur humain, devait plaire à son altesse
royale; mais que son langage étant extraordinairement hardi, figuré et rempli d'allusions continuelles aux mœurs et aux coutumes
qu'on avait dans notre île il y a deux siècles,
les Anglais, eux-mêmes, à moins d'avoir fait
une étude particulière de ses ouvrages, n'en
saisissaient pas toute l'énergie. J'ajoutai qu'il
était impossible de faire passer l'ame de Shakespear dans une traduction, et que pour
goûter ses beautés dans l'original, il fallait
une connaissance de la langue anglaise que
peu d'étrangers pouvaient atteindre, même
après un long séjour dans la capitale.

Le prince dit qu'il prévoyait toutes ces difficultés ; et que cependant il était déterminé à s'efforcer de les surmonter pour parvenir à entendre un auteur si admiré en Angleterre : que peut-être, à la vérité, il ne pourrait jamais sentir toutes ses beautés ; mais qu'il en découvrirait encore assez pour le dédommager de ses peines.

Son altesse royale suit le service militaire avec autant d'assiduité que les autres officiers du même grade ; car, dans l'armée prussienne, l'élévation de la naissance ne ferait point excuser le moindre retard dans les devoirs de cette profession. Il est très-estimé dans l'armée, et considéré comme un très-bon officier : il joint à la franchise d'un soldat la loyauté des Allemands, et son affabilité, sa bonté et son humanité le font chérir généralement.

LETTRE LXXVI.

Potzdam.

JE crains que vous n'ayez trouvé quelques-unes des anecdotes et des conversations que je vous ai répétées un peu fatigantes ; mais j'ai été entraîné par la curiosité que vous m'avez témoignée sur certains personnages ; car, je préfère vous fournir les moyens de former votre opinion vous-même , plutôt que de vous offrir la mienne à suivre : mes idées peuvent être fausses , mes récits sont toujours vrais ; et quoique les actions et les conversations que je cite puissent être en apparence de peu d'importance , comme les personnes se décrivent , pour ainsi dire , elles-mêmes , un esprit aussi éclairé que le vôtre en tirera une idée des caractères plus juste que je ne pourrais vous la donner.

Dans une de mes lettres précédentes , je disais qu'il était presque impossible de déserter d'une garnison prussienne , et qu'on mettait un soin extrême à prévenir les entreprises de ce genre : un événement , arrivé il y a peu de tems , vous démontrera mieux ce que j'avançais que des réflexions générales.

Deux soldats , du régiment du prince de Prusse , escaladèrent les murailles pendant la nuit , avec l'intention de déserter. Malheureusement pour eux , cette ville est située sur une péninsule formée par la rivière , dont l'entrée par terre est gardée si exactement , qu'on ne peut passer sans permission. Ces

hommes ne savaient pas nager, et ils n'osè-
rent pas se présenter au bac, parce qu'il est
défendu aux bateliers, sous les peines les plus
sévères, de se prêter à la fuite des déserteurs,
et une récompense est promise à ceux qui
aident à les saisir.

Toutes ces circonstances étant connues dans
la garnison, on imagina que comme aucun
paysan n'aurait osé les recevoir, ils étaient
cachés dans les bleds encore debout. D'après
cette supposition, pendant trois jours succes-
sifs des partis battirent les champs et les buis-
sons, comme s'ils eussent été à la chasse
d'un liévre. Des officiers de ce régiment en
grand nombre et de tout grade passaient trois
ou quatre heures par jour à courir à cheval
pour le même objet; mais ne découvrant pas
les hommes, à la fin ils imaginèrent qu'ils
étaient parvenus à sortir de la péninsule, et
abandonnèrent des recherches qui paraissaient
inutiles. Le matin du quatrième jour, ces
deux infortunés vinrent se rendre à la garde
d'une des portes. Ayant trouvé leur délivrance
impraticable, et n'osant pas entrer dans les
maisons, la faim et la fatigue les forcèrent
de se livrer eux-mêmes.

Pendant les recherches qu'on a faites pour ces deux déserteurs, une aventure aussi tragique est arrivée dans la maison du roi.

Le principal valet-de-chambre de sa majesté, qui avait des occasions journalières d'approcher de la personne de son maître, dont il avait su mériter l'approbation constante depuis plusieurs années, jouissait d'une très-grande considération : les gens du premier rang lui accordaient quelque attention, et ses qualités personnelles le faisaient aimer par ses connaissances. Il avait accumulé une petite fortune sur les émolumens de sa place, et s'était bâti une maison près de celle de mylord Maréchal. Cet homme eut le malheur de désobliger sa majesté, soit par négligence ou peut-être par quelque chose de pire. Je n'ai jamais pu apprendre la cause de sa disgrace ; mais pendant le séjour des princesses au nouveau palais, le roi le réprimanda dans des termes très-sévères ; et, les excuses les plus soumises n'ayant pu le satisfaire, il lui dit que bientôt il serait pourvu à son sort. Lorsque les princesses furent parties pour Berlin, sa majesté revint au vieux palais de Sans-Souci. Le jour d'après il envoya chercher un officier de ses gardes, lui ordonna de conduire cet homme à Potzdam, et de le placer, en qualité de tambour, dans le régiment des gardes à pied.

Le pauvre malheureux s'efforça d'apaiser son maître par ses prières et ses supplications, mais il ne put le fléchir. Alors, il dit à l'officier qu'il lui demandait un peu de tems pour mettre quelque chose en ordre dans sa chambre avant de s'en aller. L'officier y consentit promptement. Aussitôt le désespéré entra dans son appartement, saisit un pistolet qu'il avait préparé lorsque le roi l'avait d'abord menacé, et se brûla la cervelle. Le bruit du pistolet alarma le roi et l'officier ; ils accoururent dans la chambre, et trouvèrent le pauvre misérable expirant.

Quoique le roi n'eût certainement pas prévu que son valet se tuerait ; quoique, sans doute, il ne comptât pas lui laisser subir long-tems la punition qu'il avait infligée dans un accès de ressentiment ; cependant il y avait quelque chose de barbare à précipiter un homme d'une situation agréable et considérée, dans un genre de vie si différent : un tel ordre convenait davantage à la furie d'un despote qu'à la dignité d'un monarque dont on vante la sagesse. Une personne, qui fut à Sans-Souci immédiatement après cette mélancolique aventure, m'a dit que le roi paraissait très-affecté. S'il sentit cet événement comme il le devait, il était bien à plaindre : s'il ne le sentit pas, il faut lui accorder encore plus de pitié; car, le plus grand de tous les malheurs est de manquer d'humanité.

LETTRE LXXVII.

Dresde.

Je crois avoir oublié de vous dire, dans mes lettres de Berlin, que la beauté des porcelaines me frappa tellement, lorsque je visitai la manufacture, que j'en choisis une petite caisse pour vous. Mais comme il me paraît assez indifférent que vous preniez votre thé dans cette porcelaine ou dans celle que vous aviez déjà, vous pouvez l'envoyer à la femme que vous aimez et estimez le plus ; si, en suivant cette direction, elle ne va pas droit à Miss.... je vous prierai de m'apprendre à qui vous la destinez. Le facteur de Hambourg vous donnera avis du départ de la caisse.

Dans plusieurs villes d'Allemagne, particulièrement à Berlin et à Brunswick, ces manufactures sont portées au plus haut point de perfection.

Le jour que nous quittâmes Potzdam, nous dinâmes avec le bon lord Maréchal, il prit congé du Duc avec une émotion qui montrait tout à la fois sa considération pour lui, et la crainte de ne jamais le revoir.

Si j'étais d'humeur à faire des descriptions, notre voyage dans la plus belle et la plus fertile partie de l'Allemagne, me fournirait une belle occasion : je pourrais non - seulement m'étendre à loisir sur les bois, les prairies, les rivières, les montagnes et les riches récoltes que j'ai rencontrées sur mon chemin, mais encore animer le paysage par de nombreux troupeaux, et varier ma description par le détail des marbres, pierres précieuses, mines de plomb, de cuivre, de fer et d'argent, que la Saxe renferme dans son sein : enfin je pourrais ajouter que le pays est abondamment fourni de belles porcelaines et de belles femmes, formées de l'argile la mieux choisie *et très-joliment travaillées ;* mais il y a long-tems que je suis fatigué des descriptions. Ainsi je vous demande la permission de vous transporter tout d'un coup de Potzdam à Dresde.

M. Osborn , ministre anglais ici , nous ayant présentés à l'Electeur et à l'Electrice , nous eûmes l'honneur de dîner avec eux le même jour. L'Electrice est jeune, vive, grande et bien faite. Nous fûmes ensuite présentés à l'Electrice douairière , à la princesse Elisabeth , tante de l'Electeur , à la princesse sa sœur, et à ses trois frères , dont l'aîné a perdu l'usage des jambes.

La cour était nombreuse et brillante. Le soir on joua pendant deux heures ; le duc d'Hamilton fut de la partie de l'Electrice , tandis que je faisais deux robs au whist avec une des princesses , contre l'Electrice douairière et la princesse Elisabeth. Je n'ai vu jouer gros jeu dans aucune cour d'Allemagne. Les parties les plus chères avaient lieu hors de la présence du souverain, ou dans les mascarades.

Quoique Dresde ne soit pas une des plus grandes villes d'Allemagne, elle est certainement une des plus agréables par sa situation, par la magnificence de ses palais , et la beauté des rues et des maisons. Cette ville est bâtie sur l'un et l'autre côté de l'Elbe , qui a ici une largeur considérable , et les deux côtés sont réunis d'une manière élégante et commode.

On voit au milieu d'une place ouverte entre la vieille ville et la neuve , une statue équestre du roi Auguste. L'exécution en est fort médiocre ; cependant notre Cicerone m'engageait à l'admirer , parce qu'elle avait été faite par un forgeron. Je lui déclarai que fût-elle de Michel-Ange , il me serait également impossible de la trouver belle.

Peu de princes , en Europe , sont aussi magnifiquement logés que l'électeur de Saxe. Le palais et le musée ont été souvent décrits ; le dernier fut commencé par l'électeur Auguste : il conserve encore le nom de Chambre-Verte , quoiqu'il consiste en plusieurs pièces , toutes peintes en vert , à l'imitation de la première. Je me garderai de faire l'énumération de la prodigieuse quantité de curiosités naturelles et artificielles qu'il renferme. Quelques-unes des dernières n'ont d'autres mérite que d'être invisibles aux yeux humains. Dans ce nombre on remarque un noyau de cerise sur lequel, à l'aide d'un microscope, on peut distinguer plus de cent figures. Sans doute ce caprice mécanique montre l'adresse, la persévérance et l'attention minutieuse de l'ouvrier; mais je ne pense pas qu'il prouve la sagesse de ceux qui peuvent employer des artistes à un si petit objet. Admirons la nature jusque dans ses merveilles les plus imperceptibles, et servons-nous, pour les découvrir, de l'aide du microscope; mais qu'il ne sorte point des mains de l'homme un ouvrage que ses yeux ne sauraient apercevoir.

La célébration du jour de naissance du grand Mogol, par le joailler Dingingler, est très-estimée. Sur une table d'une aune carrée, il a représenté le Mogol assis sur son trône, les grands, ses gardes, et un nombre considérable d'éléphans. Cet ouvrage a occupé Dingingler, et quelques ouvriers, pendant dix ans. Ne trouvez-vous pas que c'était laisser trop long-tems un artiste si ingénieux au service du grand Mogol?

La galerie de peinture est fort belle. Mais pour rendre compte du mérite de chaque tableau, il faudrait remplir des volumes et avoir sur cet art des connaissances auxquelles je ne prétends point. Les morceaux les plus précieux sont du Corrége et de Rubens. Il y en a trois ou quatre du premier, et un grand nombre du dernier. La force et l'expression du pinceau de ce grand artiste, la vigueur naturelle de son coloris, et la fécondité de son imagination, excitent l'admiration ; mais on ne peut s'empêcher de regretter qu'il ait eu une si violente passion pour les femmes grasses. Cette nature, que son pays lui avait présentée dans ses jeunes années, s'était tellement empreinte dans son imagination, que les élégans modèles qu'il étudia ensuite en Italie, ne purent l'effacer. Quelques-unes de ses figures de femmes sont si exactement modelées sur la forme hollandaise, que par la chaleur qu'il fait elles sont fatigantes à regarder.

On observe aussi, dans le Musée, une collection complète de gravures depuis le commencement de l'art de graver jusqu'à présent.

LETTRE LXXVIII.

Il semble parfaitement démontré qu'une ville fortifiée ne doit point renfermer de palais, ni être environnée de faubourgs. Pendant la dernière guerre la ville de Dresde, qui a faubourgs et fortifications, se fût très-bien trouvée de n'avoir ni les uns ni les autres. En 1756 le roi de Prusse, pensant qu'il était avantageux d'envahir la Saxe, se rendit maître de cette ville, et en garda paisible possession jusqu'en 1758. A cette époque, et après la bataille d'Hochkirchen, le maréchal Daun s'avança pour l'assiéger, et le général prussien Schmettau, chargé de sa défense, commença par brûler une partie des faubourgs. Les Saxons et les Autrichiens se plaignirent vivement de cette mesure, et Daun menaça le gouverneur de le rendre responsable de procédés si désespérés. Le comte Schmettau parut également indifférent à leurs déclarations et à leurs menaces ; il se montra seulement attentif aux ordres du roi son maître, et donna avis au maréchal Daun que le reste des faubourgs partagerait le sort de ceux déjà détruits s'il persistait à attaquer la ville. Le roi lui-même parut peu après cette déclaration, et les Autrichiens se retirèrent en Bohême.

Les habitans de Dresde et de toute la Saxe se trouvèrent alors dans une situation très-désagréable, leurs souffrances augmentaient avec les succès de leurs amis et de leurs alliés. Car quelles que fussent les contributions levées dans les Etats du roi de Prusse par les Autrichiens, les mêmes étaient imposées sur les misérables Saxons. Un peuple est dans un déplorable état quand il est réduit à désirer comme un bonheur le succès de ses ennemis.

En 1759, après l'effrayante bataille de Cannerdoff, près Francfort sur l'Oder, le roi de Prusse, forcé de réparer sa perte, retira la garnison prussienne de Dresde, qui tomba alors dans les mains des impériaux, mais les malheurs de cette ville ne finirent pas là. Le roi, par une feinte habile, trompa bientôt la surveillance du maréchal Daun, dirigea sa marche en apparence sur la Silésie, et retournant soudainement sur Dresde, que le maréchal avait abandonnée dans la conviction que

sa majesté était allée au secours de Schweidnitz, il l'attaqua tandis que les autrichiens se
hâtaient d'arriver en Silésie.

Le maréchal Macquire défendit courageuse-
ment la ville contre les violens efforts que
l'ennemi renouvelait sans cesse pour la prendre avant le retour du comte Daun. Les malheureux habitans étaient exposés à une canon-
nade et un bombardement continuels. Tant
qu'on put espérer réduire la ville par ce moyen,
les lois de la guerre l'autorisaient. Mais les ennemis du roi de Prusse assurent que le bombardement fut continué avec assez de vivacité
pour réduire en cendres les églises, les principaux édifices et des rues entières, même
après l'arrivée du maréchal Daun, et lorsque
ces procédés vindicatifs servaient seulement à
la ruine et à la destruction des particuliers,
sans pouvoir contribuer à la réduction de
Dresde, ni être d'aucune utilité à la cause
publique. Un grand nombre de ces maisons
sont encore en ruines, mais les habitans les
rebâtissent graduellement, et probablement
elles seront toutes réparées avant qu'une nouvelle guerre éclate en Allemagne. En les
voyant élever ces maisons, je ne peux m'em-

pêcher de penser qu'il serait heureux pour les propriétaires qu'on leur permît de détruire les fortifications ; elles seraient plus avantageusement placées autour d'une ville frontière.

Les manufactures de porcelaine souffrirent beaucoup par le bombardement prussien. L'électeur a une collection des plus belles pièces faites depuis les premiers essais sur ces élégans ouvrages jusqu'à présent. Indépendamment du mérite d'exécution d'un grand nombre de ces pièces, elles ont celui de montrer les progrès de l'art.

Les jardins du dernier comte Bruhl sont le lieu habituel de nos promenades du matin ; d'une terrasse élevée dans ces jardins on a la vue la plus délicieuse que l'on puisse imaginer. La magnifique habitation du comte est maintenant dépouillée d'une grande partie de ses plus beaux ornemens. La collection de tableaux a été vendue à l'impératrice de Russie pour 150,000 rixdahlers. La bibliothèque qui est dans le jardin a deux cents vingt pieds de long. Il ne paraît pas bien certain qu'une si grande pièce fût absolument nécessaire pour contenir les livres de ce seigneur ; mais il en a surement fallu une de cette dimension au

moins pour contenir sa garderobe, si le compte
qu'on en donne est vrai. On nous dit qu'il
avait trois cents habits complets, et le dupli-
cata de chacun d'eux, parce qu'il changeait de
vêtement l'après-dîner, et ne voulait pas que
son costume du soir fût différent de celui du
matin. Tous ces habits, avec chacun leur canne
et leur tabatière, étaient exactement représentés dans un grand livre que le valet-de-
chambre de son excellence lui apportait le
matin, afin qu'il déterminât l'habillement du
jour. Ce ministre avait été faussement accusé
d'avoir accumulé une grande fortune. La maison et les jardins appartiennent maintenant à
l'Empereur.

Les troupes saxonnes ont une très-belle
apparence ; les hommes sont en général beaux
et bien faits ; soldats et officiers, tous ont l'air
moins roide et moins empesé que les prussiens. Habitué pendant long-tems à la vue des
derniers, cette différence m'a frappé fortement. L'uniforme des gardes est rouge et jaune,
celui des régimens de ligne est blanc. Pendant
l'été les soldats portent seulement des vestes,
même lorsqu'ils montent la garde, mais ils
paraissent toujours extrêmement propres. Les

sergens, outre les armes ordinaires, ont un grand pistolet, si commodément attaché du côté gauche, qu'il ne les embarrasse nulle-ment. La troupe de musiciens, qui appartient aux gardes saxons est la plus belle et la plus complète que j'aie jamais vue.

Je n'espère pas recevoir de vos nouvelles avant mon arrivée à Vienne, mais je vous écrirai probablement encore de Prague : nous partons demain pour cette ville.

LETTRE LXXIX.

Prague.

QUOIQUE la Bohême ne soit pas un pays aussi fertile, ni même aussi beau que la Saxe, cependant elle ne mérite pas la mauvaise ré-putation qui lui a été donnée par quelques voyageurs. J'ai trouvé dans plusieurs endroits des sites agréables et champêtres.

Prague, la capitale de la Bohême, est pla-cée dans un enfoncement environné de mon-tagnes de tous côtés ; on a compris dans les fortifications celles qui la dominent. La ville est très - grande ; elle conserve encore quelques restes de sa splendeur passée , mais elle offre des symptômes bien plus évidens de sa décadence présente ; symptômes attachés aux lieux qui ayant été une résidence royale ne le sont plus.

Toutes les maisons qui annoncent la magnificence sont vieilles , et il est peu probable qu'on en bâtisse de neuves dans ce style. Les nobles , qui pourraient faire cette dépense , vivent à Vienne , et les commerçans ne sont pas assez riches pour penser à construire de belles maisons.

Quel que soit le décroissement que cette ville ait pu éprouver dans ses richesses et sa magnificence , la piété des habitans n'en a nullement souffert. Je ne me rappelle pas d'avoir jamais vu autant de signes extérieurs de dévotion dans aucun lieu ; les coins des rues , les ponts et les édifices publics sont ornés de crucifix , d'images de la vierge et de statues de saints , de tout pays , de tout âge et de tout sexe. On voit à chaque pas des gens à genoux devant ces statues , et particulièrement sur le pont qui traverse la Moldaw , où il y a toujours un grand concours de passans. On a tellement prodigué les statues des saints sur ce pont, que l'on croirait passer entre deux rangs de mousquetaires.

Les voyageurs , sur-tout ceux qui arrivent de Berlin , doivent être surpris de la dévotion du peuple , et encore plus de la véhémence. avec laquelle il l'exprime.

J'ai vu quelques personnes se prosterner sur la terre devant ces saints , et leur adresser leurs prières avec tant de ferveur que s'ils n'avaient point eu des cœurs de pierre , ils auraient accordé plus d'attention à ces demandes qu'ils ne semblaient le faire.

Il y a un saint à qui il est adressé plus de vœux qu'à tout le reste ensemble , on l'appelle , je crois , saint Népomucène ; je n'avais jamais entendu parler de lui avant de venir ici , mais il est en grande réputation dans cette ville.

Ce saint fut condamné par un cruel tyran à être précipité d'un pont , son cou se rompit dans sa chûte ; malgré cela on suppose qu'il a conservé une affection particulière pour les ponts. C'est un effet un peu différent de celui qu'on aurait pu attendre de la cause ; mais le peuple est persuadé que telle est l'opinion de saint Népomucène, et pour mettre la chose hors de question on l'a déclaré le patron des ponts, et presque tous ceux de la Bohême lui sont dédiés. On assure aussi qu'il surpasse en habileté tous les autres saints pour guérir les femmes de la stérilité. Je n'ai pas demandé comment sa science sur ce point a été reconnue.

De ces histoires populaires je passerai à une réflexion mélancolique. J'ai observé généralement que le riche remplit ses devoirs religieux avec plus de négligence que l'indigent, et j'ai vu plus souvent la piété unie à la pauvreté qu'à l'opulence. Lorsque nous passions dans une ville ou un village, si nous découvrions des signes de misère, les habitans nous présentaient toujours ceux d'une extrême dévotion. Il faudrait conclure de là que l'espérance est un sentiment plus puissant sur le cœur humain que la reconnaissance, puisque ceux-là montrent moins de gratitude qui devraient en témoigner davantage.

Nous avons trouvé à Prague une connaissance lorsque nous pouvions peu nous y attendre ; car le Duc et moi étant à causer dans la rue, un prêtre qui appartient au séminaire de cette ville nous entendit; il s'arrêta, et après nous avoir examinés très-attentivement, il nous aborda en nous disant : Je vous assure que je suis aussi irlandais. Cette manière aisée de s'introduire produisit bientôt une sorte d'intimité ; je lui demandai comment il avait pu savoir que nous étions irlandais? — Ne vous ai - je pas entendu parler anglais, mon cher , répliqua l'honnête prêtre ? C'était réellement un homme obligeant et le plus utile cicérone que nous eussions pu trouver à Prague.

Lorsque nous fûmes visiter les appartemens royaux , on nous montra dans le secrétariat de l'Etat une fenêtre par laquelle on jeta trois seigneurs dans l'année 1618. C'était employer un mode violent pour se débarrasser de gens puissans ; mais probablement le parti opposé avait essayé des moyens plus doux.

Comme la grande utilité de l'histoire est de fournir dans tous les tems des leçons et des exemples , je ne crois pas hors de propos de rappeler cette aventure aux amis que vous avez dans l'administration , afin qu'ils puissent s'éloigner doucement avant que leurs adversaires prennent des mesures désespérées. On a observé que les ennemis des hommes d'Etat

chancelans sont plus actifs que leurs amis ;
car lorsque les choses viennent à l'extrémité ,
ces derniers se tiennent souvent au large.
Dans le cas cependant où l'on méditerait un
outrage semblable en Angleterre , on doit
espérer qu'Apollon , comme il en avait l'habitude lorsqu'un de ses amis était en danger ,
interposerait un nuage et sauverait le ministre ;
car dans la rareté actuelle d'esprit , la perte
d'un homme aussi distingué serait un évènement déplorable.

Nous avons été sur les hauteurs d'où les
Prussiens essayèrent de tirer sur la ville , immédiatement après la défaite du prince Charles
de Lorraine et du comte Brown. Le bombardement de cette ville était une mesure plus ef-
fective que celui de Dresde ; car on pouvait supposer que l'armée étant dans l'abattement qui
doit suivre la perte d'une bataille, la confusion
et la terreur produite par le bombardement ,
jointe à la prodigieuse consommation d'une si
nombreuse garnison , porteraient les habitans
à se rendre. Mais quoique l'humanité de la
conduite du roi n'ait pas été contestée , j'ai
entendu des militaires lui reprocher d'avoir
manqué de prudence , et particulièrement

dans l'essai désespéré de Kolin, lorsque laissant la moitié de l'armée pour continuer le blocus de Prague, il se mit en marche avec un peu plus de 30,000 hommes, et attaqua une armée double de ce nombre dans une situation avantageuse et commandée par un des plus habiles généraux du siècle. Cependant il est probable que le roi avait de bonnes raisons pour se conduire ainsi ; mais l'essai fut infructueux ; et comme les tristes revers qu'éprouvèrent les affaires prussiennes datent de ce moment, la voix de la censure s'est élevée hautement contre cette action, qui aurait été portée aux nues si elle avait été couronnée par le succès. Si Annibal, par quelque accident, avait été défait à Cannes, il est très-possible que les historiens eussent démontré par beaucoup de raisons qu'il ne devait pas donner cette bataille, peut-être aussi auraient-ils essayé de prouver que ses premières victoires étaient dues au hasard, et qu'il était un ignorant dans l'art de la guerre. Adieu, mon ami, je vous souhaite un bonheur constant dans vos entreprises, afin que tout le monde continue à vous croire un homme prudent.

LETTRE LXXX.

Vienne.

En arrivant à Vienne, le postillon nous mena directement à la douane, où le bagage subit un examen sévère, que les belles paroles ni l'argent ne peuvent adoucir. Comme on ne trouva rien de contrebande dans nos effets, on les laissa porter tous à notre logement, excepté nos livres, qui furent retenus pour être examinés à loisir, et nous ont été rendus quelque tems après. L'impératrice a donné les ordres les plus rigoureux pour qu'aucun livre immoral ou impie ne puisse entrer dans ses états ou circuler parmi ses sujets, et Mahomet, lui-même, oserait aussitôt paraître à Vienne qu'un de ces livres proscrits.

Malheureusement pour nous, sir Robert Keith est parti dernièrement pour l'Angleterre, et n'est attendu que dans quelques mois. L'absence d'un homme également estimable et respectable nous cause de justes regrets ; mais tous les services que nous aurions pu recevoir de lui, comme ministre, nous ont été rendus par M. Ernest , son secrétaire. Il nous introduisit d'abord chez le comte Degenfeldt , ambassadeur des Etats , nous donna une liste des visites nécessaires , et eut l'honnêteté d'accompagner le duc d'Hamilton pendant ces longues courses.

Le premier jour nous fûmes chez le prince Kaunitz; il nous invita à dîner avec une nombreuse compagnie , dont une grande partie , ainsi que je l'appris ensuite , avait été prévenue en notre faveur par les lettres obligeantes et polies que le baron de Swieten avait écrites de Berlin.

Plusieurs personnes de distinction sont à leurs terres ; mais la politesse et l'hospitalité du comte et de la comtesse Thune nous laisse peu de motifs de regrets. C'est dans leur maison , ou dans celle de leur sœur , la comtesse de Walstein , que se réunit , chaque soir , la meilleure compagnie de Vienne. J'y ai vu souvent le vicomte de Laval , frère du marquis , que j'ai eu l'honneur de connaître à Berlin. Il a été jusqu'à Pétersbourg , et compte faire le voyage d'Italie avant de retourner en France.

La ville de Vienne , proprement dite , n'est

pas d'une très-grande étendue, et les fortifications qui la bornent, ôtent toute possibilité de l'agrandir. Cette ville est très-popu-
leuse ; elle contient, dit-on, deux cents mille
habitans : les rues sont étroites et les maisons
très-élevées. Quelques-uns des palais et des
édifices publics sont magnifiques ; mais le peu
de largeur des rues nuit à l'effet extérieur.
Les principaux sont : le palais Impérial, la
Bibliothèque, le Musée, et le palais du prince
de Lichteinstein ; celui du prince Eugène, et
quelques autres que vous me pardonnerez sûrement de ne pas nommer, et sur-tout de
ne pas décrire.

Vienne court peu de danger d'être jamais
soumise aux inconvéniens d'un siége ; cependant, dans le cas où la chose arriverait, on a
pris une mesure qui sauverait la nécessité de
détruire les faubourgs. Il est défendu de bâtir
des maisons hors des murailles, à moins de
six cents pas de distance du glacis. Ainsi, il
y a, autour de la ville, un champ circulaire
qui, indépendamment de l'avantage dont je
viens de parler, a celui de produire un effet
salutaire et agréable. Les faubourgs sont bâtis
sur les limites de cette plaine ; ils offrent une

belle et grande ville d'une forme circulaire, et qui contient dans son sein un champ spacieux dont Vienne est le centre.

Huit jours après notre arrivée à Vienne, nous eûmes l'honneur d'être présentés à l'empereur. Le comte Degenfeldt nous mena au palais entre neuf et dix heures du matin : après quelques minutes d'attente dans une pièce contiguë à celle où l'empereur était, nous fûmes introduits : il était seul, et nous reçut avec une affabilité simple et gracieuse.

Nous fûmes, le même jour, à Schœnbrunn, palais à une lieue de Vienne, et que l'impératrice habite maintenant. J'étais vivement curieux de voir la célèbre Marie-Thérèse, dont la destinée a intéressé l'Europe pendant tant d'années. Le courage magnanime avec lequel elle supporta les calamités dont sa jeunesse fut accablée, et la modération qu'elle a montrée dans la prospérité lui ont assuré l'admiration générale. Elle était seule aussi lorsque nous fûmes présentés : elle soutint pendant quelque tems, avec le duc d'Hamilton, une conversation enjouée, et se conduisit envers nous avec une dignité affable ; elle conserve peu de traces de la beauté qu'elle possédait dans sa jeunesse ; mais sa physionomie indique la bienveillance et la gaieté.

J'avais entendu parler souvent de l'étiquette scrupuleuse observée à la cour impériale. J'ai trouvé tout en contradiction absolue avec ces récits.

Le prince Kaunitz ayant vu avec nous un jeune gentilhomme anglais, à peine âgé de quatorze ans, et que le duc d'Hamilton protége, désira qu'il fût aussi présenté à l'empereur et à l'impératrice. L'un et l'autre le reçurent de la manière la plus gracieuse. Je cite ce fait afin de prouver combien ils sont supérieurs au cérémonial rigoureux observé avant l'avénement de la maison de Lorraine.

Deux ou trois jours après nous fûmes présentés à toute la cour, aux deux archiducs, à leur sœur, la princesse Albert de Saxe, et à la princesse de Modène, mariée au frère de l'empereur. Cette dernière est arrivée depuis peu de Milan pour visiter l'impératrice. Les princes et princesses sont d'une beauté remarquable, et se ressemblent tous ; ils ont un beau teint, de grands yeux bleus et quelques-uns, particulièrement l'archiduc, conservent cette lèvre épaisse, observée depuis si long-tems dans la maison d'Autriche. La reine de France est la plus belle de cette famille, parce qu'elle est la plus jeune : quelques personnes prétendent que la princesse Albert l'emporte encore sur elle. Une des archiduchesses qui ne sont pas mariées, avait autrefois l'avantage sur toutes les deux ; mais elle a beaucoup souffert de la petite vérole. Une dame de la cour m'a raconté que cette princesse, aussitôt qu'elle connut son mal, demanda un miroir, et qu'avec une gaieté franche et naturelle, elle prit congé de ces traits qu'elle avait entendu louer si souvent, et qu'elle ne comptait plus revoir que bien changés. La diminution de la beauté de la princesse n'a altéré ni son enjouement ni son aimable caractère.

Lorsque le roi de Prusse vit son armée détruite à Cunnersdorf, après avoir écrit à la reine qu'il était sûr de la victoire ; lorsque d'autres monarques, dont l'histoire nous retrace les malheurs, furent précipités de leurs trônes dans un état de dépendance ou de captivité, sans doute il leur fallut une grande force d'esprit pour supporter de si cruels revers ; mais peut-être la femme, qui dans tout

l'orgueil de la jeunesse , voit sa beauté ad-
mirée par une moitié du genre humain et
enviée par l'autre , a-t-elle besoin d'un courage plus héroïque encore , pour en soutenir
la perte avec tranquillité.

Si ces beautés surannées qui devaient leur
importance à leurs charmes , et que nous
voyons encore sécher sur la tige et se dépiter
de ne pouvoir conserver les fleurs de mai
dans les neiges de décembre , avaient éprouvé
un accident semblable , probablement leur
douleur , en les tuant tout à coup , leur aurait sauvé beaucoup d'années d'une existence
vouée à la tristesse et au mépris.

LETTRE LXXXI.

JE ne me rappelle pas d'avoir jamais passé
mon tems plus agréablement que je ne l'ai
fait depuis mon arrivée à Vienne : les plaisirs ne se succèdent pas avec une rapidité
telle qu'elle exclue le besoin de toute occupation ; mais ils se renouvellent assez fré-

quemment pour satisfaire celui qui ne compte pas entièrement sur les objets extérieurs pour remplir le vide de ses journées. Nous dînons dehors deux ou trois fois par semaine ; nous jouons de tems en tems , et jamais gros jeu. Chez la comtesse Thune , où je passe habituellement la soirée , il n'y a de jeu d'aucune espèce : la société qui se réunit dans cette maison forme littéralement une *conversazione*.

Je suis persuadé qu'il vous sera difficile d'imaginer comment une compagnie très-nombreuse peut employer plusieurs heures chaque soir , seulement à causer, sur-tout quand vous saurez que la conversation n'est pas toujours divisée , mais qu'elle est au contraire très-souvent générale. Vous croirez sans doute que des pauses mélancoliques l'interrompent fréquemment et se prolongent à l'infini , personne n'osant plus rompre ce silence solennel , et que dans d'autres momens , tant de langues sont en mouvement à la fois , qu'on ne peut rien entendre distinctement : peut-être aussi vous figurerez-vous la maîtresse de la maison essayant , par des observations sur le tems ou la politique , de ranimer la conversation qui expire dans de longs et mortels bâillemens.

Cependant rien de tout cela n'arrive ; la comtesse a l'art d'entretenir ceux qui se rassemblent chez elle, ou de leur fournir les moyens de s'entretenir les uns les autres. Elle joint à beaucoup d'esprit et à une parfaite connaissance du monde, le cœur le plus désintéressé. Elle est toujours la première à découvrir les bonnes qualités de ses amis, et la dernière à voir leurs défauts. Un de ses plus grands plaisirs est de calmer toutes les préventions et les haines personnelles parmi ses connaissances, pour y substituer des sentimens de bienveillance ou d'amitié ; elle s'exprime avec tant de grâce, qu'elle charme les esprits gais sans déplaire aux esprits sérieux. Je n'ai jamais connu à personne un si grand nombre d'amis, et tant d'amitié généreuse à donner à chacun d'eux ; elle en acquiert journellement de nouveaux, sans diminuer d'attachement pour les anciens. Elle s'est formé dans sa maison un petit systême de bonheur ; sa présence maintient l'union dans le cercle que ses qualités aimables attirent autour d'elle. Personne n'est obligé de rester dans cette société un instant après qu'il a cessé de s'y plaire : on peut se retirer quand on veut ; lorsqu'une fois vous êtes admis, votre entrée ou votre sortie n'est pas plus remarquée que celle d'une mouche. Si vous allez tous les soirs dans cette maison, vous êtes toujours traité avec la même bonté ; si vous êtes un mois sans y paraître, vous êtes reçu à votre retour aussi bien que si vous y fussiez venu chaque jour.

Les Anglais doivent de la reconnaissance à cette famille, non-seulement pour la réception polie qu'ils y trouvent, mais aussi pour la facilité qu'elle leur fournit de lier connaissance avec les personnes les plus distinguées de Vienne. Je n'imagine pas qu'il y ait de ville en Europe où un jeune gentilhomme puisse passer un an avec plus d'avantage lorsque son éducation d'université est finie. Avec de bonnes recommandations, il peut trouver de fréquentes occasions de polir son esprit par la conversation d'hommes de mérite et de femmes accomplies ; et dans aucune capitale il ne sera moins exposé à se livrer au jeu, au libertinage, ou à une grossière débauche. Il verra peu d'exemples de ces désordres, apprendra à ne pas placer tout son bonheur dans un cercle d'amusemens continuels, et acquerra enfin l'heureuse faculté de savoir jouir des plaisirs modérés.

Je dois à la politesse de la comtesse Thune et à la recommandation du baron Swieten l'accueil favorable que je reçois toujours du prince Kaunitz : il est maintenant à Laxenberg, joli village à dix milles de Vienne, où la famille impériale a un petit palais et un parc très-étendu.

Le prince Kaunitz a fait bâtir, depuis peu, une maison dans ce lieu, et il y vit avec magnificence : on ne le voit le matin que pour affaires ; mais il a toujours une très-nombreuse compagnie à dîner, qui s'augmente encore le soir, et dont l'empereur lui-même fait souvent partie. Ce ministre jouit, depuis beaucoup d'années, de la faveur de l'impératrice. Il fut son envoyé pour le traité de paix d'Aix-la-Chapelle, en 1748, et il a toujours été depuis du conseil du cabinet. Maintenant il est ministre des affaires étrangères, et on croit qu'il a plus d'influence sur l'esprit de sa majesté que toute autre personne.

Il est au moins certain qu'il a de la fidélité, du génie, et de grands talens ; les affaires de cette cour ont prospéré sous son administration. Ses amis lui sont sincèrement attachés, et le mérite des hommes qu'il emploie prouve son discernement. Il est l'ami et le patron de M. de Swieten. On suppose que c'est lui qui a conseillé et négocié l'alliance avec la France; cependant il montre toujours une partialité évidente en faveur de la nation Anglaise. Il a quelques singularités sur lesquelles il est inutile d'appeler l'attention, puisqu'elles n'altèrent point les qualités essentielles de son caractère.

LETTRE LXXXII.

Vienne.

Dans votre dernière lettre vous m'apprenez que C... compte partir bientôt pour Vienne. Comme rien n'est si fatigant que la société d'un homme continuellement ennuyé de lui-même, cette nouvelle m'aurait alarmé, si je n'étais parfaitement sûr que son séjour ici sera très-court, quel que soit le tems qu'il choisisse pour y venir.

C... vint chez moi un matin , dans l'été qui précéda mon départ de Londres ; j'étais resté en ville seulement parce que je n'avais aucune affaire ailleurs ; mais il m'assura que Londres était un désert , qu'il était honteux d'être vu dans les rues , et que tout le monde était à Brighthelmstone. Je me laissai donc conduire dans cette ville , où nous avions à peine passé quelques jours, quand il me dit qu'aucunes des personnes qu'il désirait voir n'étaient-là , et sachant que je n'avais aucune raison particulière pour y rester , il me demanda , comme une faveur , de l'accompagner à Tunbridge. Nous y fûmes, et à ma grande satisfaction j'y trouvai la famille de M. N... C... resta passablement tranquille pendant quatre jours , il bâilla beaucoup le cinquième , et le sixième , je crus qu'il se disloquerait les mâchoires. Comme il s'aperçut que je me plaisais dans ce lieu, et que je ne voulais comprendre aucun des avis détournés qu'il me donnait de le quitter , il prétendit à la fin avoir reçu une lettre qui le forçait de partir sur le-champ pour Londres, et il partit.

Je restai trois semaines à Tunbridge. A mon retour en ville , j'appris que C... avait loué , pour l'été, une petite maison meublée, dans le Yorckshire, où il était déjà établi depuis huit jours, avec une amie. Il avait laissé un billet pour prévenir qu'on ne l'attendît pas avant la rentrée du parlement. Quoique je n'imaginasse pas qu'il pût rester si long-tems dans le même endroit, cependant je fus un peu surpris de le voir entrer dans ma chambre deux jours après : il me dit qu'il était très-dégoûté de sa maison, et encore plus de sa compagne ; que d'ailleurs il lui avait pris une violente fantaisie d'aller à Paris. Vous savez, ajouta-t-il, que c'est le lieu le plus délicieux du monde, sur-tout dans l'été ; car la bonne compagnie ne pense jamais à courir la campagne comme nos fous d'Anglais, mais elle reste dans la capitale, ainsi que des gens sensés doivent le faire.

Il me proposa ensuite de faire quelques légers paquets, de prendre la poste, de nous embarquer pour le Continent, et d'aller passer deux mois à Paris. Trouvant que je ne goûtais pas sa proposition, il adressa une lettre d'excuse et un billet de banque à la dame du Yorckshire, et partit le lendemain. Je fus six semaines sans entendre parler de lui ; mais étant à Bath , à la fin de ce tems , je vis mon ami C.. entrer dans la salle des bains. Vous avez été sage , me dit-il , de rester au logis : Paris est le plus insipide lieu de la terre , je n'ai pas pu le supporter plus de dix jours ; mais ayant beaucoup entendu vanter la Hollande , j'ai voulu faire un petit voyage à Amsterdam , et , entre nous , je ne l'ai pas trouvé plus amusant que Paris. Deux jours après mon arrivée , je vis un bâtiment anglais prêt à mettre à la voile, et je pensai qu'il serait pitoyable de laisser échapper une si bonne occasion. Ainsi je fis porter mon bagage à bord. Nous eûmes un passage très-désagréable ; cependant j'arrivai sain et sauf à Harwich , il y a quelques jours. Cette esquisse du caractère du pauvre C... vous montrera si je dois craindre qu'il reste long-tems avec nous , s'il y vient.

Les étrangers assurent que cette disposition inquiète se rencontre plus fréquemment parmi les Anglais, que chez aucun peuple d'Europe. Il faut que votre ville de Londres soit un triste séjour. Pourquoi le pensez-vous , dis-je à la personne qui me fit cette remarque ? Parce que tous vos jeunes gens que je vois en France s'ennuyent à la mort. Mais , dis-je, il y a aussi un grand nombre de vos compatriotes à Londres. Assurément, répliqua-t-on avec une insolence polie, mais cela fait une différence.

On accuse notre climat de produire cet ennui ; si ma mémoire ne me trompe pas, j'ai déjà combattu cette opinion, et maintenant je commence à soupçonner que l'excessive richesse de certains individus, et l'état actuel de la société dans notre capitale, sont les seules causes qui propagent cette maladie parmi nous. Le peuple ne la connaît pas, ni même les individus actifs des autres classes, soit que leur activité ait pour objet la fortune la science, ou la gloire. Mais en Angleterre plus qu'en tout autre pays, on voit un grand nombre de jeunes gens parvenir à la possession d'une fortune considérable avant d'avoir acquis des goûts fixes et déterminés.

Quand un jeune homme a pris l'habitude de l'application, qu'il est animé par l'amour des sciences ou de la gloire, la plus immense fortune qui puisse lui échoir en partage, ne détruira pas entièrement des passions déjà formées, sur-tout celle de l'ambition, qui donne à l'esprit une telle énergie et des occasions d'exercer son activité si continuelles, qu'elle le garantit de la lassitude et de l'ennui. La richesse ne peut engourdir, ni les plaisirs énerver une ame fortement inspirée par ce principe actif : mais quand les plaisirs et l'argent sont d'abord mis à la disposition de celui que l'ambition a trouvé sourd à sa voix, trop souvent il méprise aussi les occupations ou les talens qui peuvent fortifier l'esprit et remplir les intervalles fatigans de sa vie. Un jeune homme, dans cette situation, s'abandonne facilement à des excès nuisibles ; il attend rarement le retour naturel de la vivacité de ses goûts ; sa sensibilité est émoussée par de trop fréquentes jouissances ; ce qui est désiré aujourd'hui est abhorré demain. Le plaisir éloigné est l'objet de ses souhaits ; à peine est-il présent qu'il devient l'objet de son indifférence ; si ce n'est celui de son dégoût. On essaye alors de prévenir par les agitations du jeu la triste stagnation de l'indolence. Tous les amusemens perdent leur pouvoir, et ne servent qu'à accroître encore la langueur qu'ils étaient destinés à repousser. L'humeur, le caprice et l'ennui, augmentent avec l'âge, le lieu de la scène change souvent, mais c'est toujours la même pièce, et elle finit seulement lorsque le rideau tombe, ou quand il est tiré par l'acteur impatient, avant la fin du drame.

Tout cela n'arrive-t-il pas aussi en France et en Allemagne ? sans doute, mais pas aussi souvent qu'en Angleterre, et j'en ai déjà donné la raison. En France, très-peu de jeunes gens ont l'entière disposition d'une grande fortune, ils ne peuvent pas toujours satisfaire chacun de leurs désirs et de leurs caprices ; au lieu de passer leur tems dans les clubs ou les tavernes, avec des jeunes gens de leur âge, la plus grande partie des jeunes nobles passent leurs soirées dans l'intérieur des familles ou dans des réunions de l'un et de l'autre sexe. Là, les égards dûs à ceux qui les reçoivent, mettent naturellement quelque restriction à la vivacité et à la liberté de leur conduite et de leur conversation. Les aventures de société les amusent et les intéressent, et jamais elles ne sont suivies du dégoût, de la langueur et des remords qui succèdent souvent à des nuits passées au jeu ou dans la licence des soupers de taverne.

Rien ne peut avoir une meilleure influence sur le caractère, les dispositions et les mœurs d'un jeune homme, que l'obligation ou l'habitude de vivre avec les gens qu'il respecte.

Non-seulement leur conversation lui est avantageuse ; mais contraint de faire, en quelque sorte, abnégation de lui-même, il évite l'indolence dans laquelle il tomberait bientôt, s'il satisfaisait tous ses penchans.

Les jeunes nobles français, même lorsqu'ils n'ont ni beaucoup d'ambition, ni un vif amour pour l'étude , ni enfin aucune disposition particulière pour les talens distingués, qui peuvent remplir la vie sans le secours d'autres amusemens, essayent encore d'éloigner l'ennui par une espèce d'activité particulière à leur nation. Ils sentent de bonne-heure l'absolue nécessité de plaire , ce sentiment dirige leur conduite générale et entre pour beaucoup dans la formation de leur caractère.

Attentifs et obligeans pour tous , ils s'efforcent sur-tout d'acquérir et de conserver l'amitié de ceux qui peuvent aider à leur fortune. Ils aiment la vie parce qu'ils n'ont pas toujours le pouvoir d'anticiper sur les jouissances et d'arriver promptement des désirs à la satiété. Le plus dissipé d'entre eux ne connaît point cette liberté illimitée d'une vie de taverne, qui permet de satisfaire sans hésitation tous les caprices extravagans d'un esprit fantasque , et qui finit par rendre insupportable toute autre espèce de société.

En Allemagne, très-peu de personnes possèdent des fortunes considérables et indépendantes. Les petits princes, par qui les richesses sont absorbées, ont, je le crois, bien des difficultés à surmonter pour parvenir à passer leur vie avec quelque satisfaction. Quant à leurs cadets et aux nobles du second rang, ils vont à l'armée et sont soumis à la rigueur de la discipline militaire ; leur caractère formé à cette sévère école, diffère sous beaucoup de rapports de celui d'un gentilhomme anglais ou français. Mais je n'ai pas encore parlé d'un usage qui contribue plus que toute autre chose à rendre Londres *un triste séjour* pour les étrangers : c'est de l'établissement des clubs, dont on exclut cette partie de la communauté, qui a le pouvoir d'adoucir les peines et d'animer les plaisirs de la vie.

LETTRE LXXXIII.

Vienne.

Nous reçûmes dernièrement une invitation de M. de Breteuil pour dîner sur le sommet du Mont Calemberg, très-haute montagne dans le voisinage de cette ville. On ne peut la gravir dans les voitures ordinaires, mais arrivés au pied nous trouvâmes, par les soins de l'ambassadeur, des chaises d'une construction particulière et calculées pour des expéditions de cette espèce ; elles nous menèrent près d'un couvent de moines bâti sur la partie la plus élevée de la montagne, et d'où l'on découvre deux paysages d'un aspect très-différent : l'un présente une longue chaîne de montagnes sauvages, l'autre offre la ville de Vienne, ses faubourgs et les diverses branches du Danube arrosant une riche campagne dont l'œil ne peut mesurer l'étendue.

La table pour le dîner était placée dans un champ peu éloigné du couvent et sous l'ombrage de quelques arbres ; elle fut couverte de tout ce que la saison pouvait offrir de

plus délicat. Madame de Matignon, fille de
M. de Breteuil, en fit les honneurs. Sa beauté,
son esprit, la présence de quelques-unes des
plus belles femmes de Vienne rendirent ce
repas aussi gai qu'il était élégant.

Au dessert quelques-uns des pères vinrent présenter à la compagnie des fruits de leur jardin.
L'ambassadeur les invita à s'asseoir; les dames
portèrent leur santé avec du vin de Tokai en les
engageant à leur faire raison. M. de Breteuil
avait d'avance obtenu pour elles la permission
d'entrer dans le couvent. En quittant la table,
elles y furent suivies par tous les convives.

Vous croirez sans peine que l'apparition de
tant de belles femmes intéressa vivement une
communauté qui n'avait jamais vu de femmes
dans ses murailles ; cet effet fut en vérité très-
évident, en dépit de la gravité et des regards
mortifiés des pères.

Une dame d'un caractère enjoué se saisit
d'un petit fouet passé dans la ceinture d'un des
pères, et le pria de lui en faire présent,
parce que, lui dit-elle, ayant été une grande
pécheresse, elle s'en servirait à son retour.
Le père la supplia avec galanterie d'épargner
sa belle peau, et l'assura qu'il se frapperait

avec plaisir pour son compte cette même soirée, et afin de prouver combien il avait hâte
de lui être utile, il se jeta à genoux devant un
petit autel, et commença à fouetter vigoureu-
sement ses épaules, déclarant qu'il s'exercerait
avec la même violence sur son corps nu aussitôt que les dames seraient retirées, parce qu'il
était déterminé à la rendre exempte de péché,
comme le jour de sa naissance.

Le cœur de la dame s'attendrit, elle pria
le père de ne pas s'en prendre plus long-tems
à ses épaules, l'assura que ses péchés ayant
été très-véniels, ils devaient déjà être aussi
complètement effacés, que s'il se fût fouetté
jusqu'au sang.

Il y a quelque chose de si bouffon dans tout
cela, que vous pourrez fort bien soupçonner
que vous devez plutôt ce récit à mon imagination qu'à ma mémoire ; mais je vous assure
sérieusement que la scène se passa comme je
vous la décris, et afin de prévenir de plus
grandes souffrances, je mis dans ma poche le
fouet dont le père s'était servi.

A mon retour à Vienne je fus le soir chez
la comtesse de Walstein ; l'Empereur y vint
peu après. Quelqu'un lui avait déjà raconté la

pieuse galanterie du père du mont Calemberg. Il me demanda à voir le fouet qu'il savait que j'avais rapporté et qui était encore
dans ma poche. Je le lui montrai sur le champ ;
il rit de très-bon cœur , et supposa que le
tokai de l'ambassadeur avait pu augmenter
l'ardeur du zèle de ce bon père.

On vous a souvent parlé de la manière libre
et aisée dont ce grand prince vit avec ses sujets : ces récits ne sauraient être exagérés. La
comtesse Walstein n'attendait point sa visite
dans cette soirée. Lorsqu'on annonça l'Empereur je me levai et j'allais me retirer , mais
la comtesse me pria de rester , parce que rien
ne lui était plus désagréable que de voir quelqu'un dérangé ou troublé par son entrée.

Les femmes gardèrent leurs siéges , et même
plusieurs d'entre elles qui s'occupaient à faire
des nœuds, continuèrent leur ouvrage. Les
hommes se tinrent debout tant qu'il fut dans
cette position , et la plupart s'assirent lorsqu'il leur en eut donné l'exemple. L'Empereur rappela au comte de Mahoni , l'ambassadeur d'Espagne , que sa goutte le faisait souffrir et le força de s'asseoir tandis que lui-même
restait debout. Ce monarque cause avec toute

l'aisance et l'affabilité d'un simple gentilhomme; il amène graduellement les autres à lui parler avec la même aisance. Cette noble condescendance le rend sûrement plus heureux, et lui fait acquérir une connaissance des hommes plus parfaite que s'il se tenait éloigné de ses sujets et enveloppé dans le sentiment de sa propre importance et de la dignité impériale.

LETTRE LXXXIV.

Vienne.

Depuis le voyage de ladi Mary-Wortley-Montague ici, les usages de cette cour ont subi un grand changement. Il a été principalement dû à l'avènement de l'impératrice actuelle; elle a abrégé le cérémonial fatigant observé autrefois, et son affabilité, l'esprit éclairé de son fils, les manières aimables et conciliantes de sa famille entière, ont donné à la société un agrément inconnu jusqu'alors. Maintenant les affaires et le plaisir réunissent des gens de tous les rangs; ils se rencontrent dans les lieux publics, sans que jamais il s'é-

lève de ces ridicules disputes sur la préséance
que des anglais ingénieux ont décrites avec
de si vives couleurs.

Personne dans les Etats de l'Empereur n'est
moins que lui rigide observateur des formes ;
il paraît trouver l'étiquette encore trop sévère.
Il est certain qu'il existe entre les différentes
classes de ses sujets une ligne de démarcation
si forte que le bon sens voudrait l'adoucir. Les
sentimens d'un peuple changent graduellement, et des années s'écoulent avant que la
raison, ou même l'exemple du souverain,
puisse surmonter les vieilles coutumes et les
préjugés.

Les anciennes familles se tiennent à un grand
éloignement des nobles de nouvelle création,
et ceux-ci laissent la même distance entre eux
et les bourgeois. Ainsi il est très-difficile aux
personnes des classes inférieures de se mêler
dans la société et de se lier avec celles d'un
rang plus élevé ; mais une chose bien plus
importante sous les rapports politiques, c'est
que certaines places de confiance dans l'Etat
ne peuvent être occupées que par la haute
noblesse.

Ne trouveriez-vous pas un gouvernement

bien imprudent, s'il établissait par une loi que les places qui demandent les plus grands talens seraient remplies seulement par cette classe de la communauté où il est le moins probable de les rencontrer? Peut-être l'usage dont je viens de vous parler est-il l'équivalent de cette loi. Les paysans réduits à une nullité absolue sont presque généralement dans un état d'esclavage complet et dépendent entièrement des propriétaires.

Les idées relatives au costume semblent avoir éprouvé aussi de grandes variations depuis le tems de ladi Mary ; si l'habillement des femmes est encore absurde, au moins n'at-il pas autant de singularité ; car maintenant elles ont adopté, comme le reste de l'Europe, les modes parisiennes.

Mais les autrichiennes actuelles diffèrent encore plus de leurs grand'mères par leurs traits que par leur costume. Si une de ces dernières était encore vivante, elle pourrait être aussi belle qu'elle l'était lorsque ladi Montague écrivait. Le tems lui-même aurait eu peine à augmenter la laideur qui, suivant elle, était en pleine fleur il y a soixante ans.

Je n'ai pas demandé quelle méthode les pa-

rens ont inventée pour remédier à cet inconvénient, mais il est certain que celle qu'ils
ont choisie a opéré très-efficacement. A présent les beautés ne sont plus si rares à la cour
de Vienne. D'après cela, il serait naturel d'i-
maginer que la galanterie doit avoir aussi
étendu son empire. Mais les dames, dont les
sentimens peuvent d'ailleurs être réellement
changés, sont obligées de mettre une grande
circonspection dans leur conduite, parce que
l'impératrice semble penser que les dames de
sa cour doivent, comme la femme de César,
non-seulement être exemptes de crime, mais
encore, ce qui présente bien plus de difficultés, n'être pas même atteintes par le soupçon.
Quand il circule quelque histoire scandaleuse
sur une d'entre elles, sa majesté lui prouve, par
son accueil, qu'elle n'est que trop bien in-
formée.

Quant à ces sous-mariages, sur lesquels
ladi Mary donne de si curieux détails, je n'i-
magine pas qu'il y en ait beaucoup à présent
qui réalisent sa description dans toute sa lati-
tude. Mais beaucoup de femmes mariées montrent l'amitié la plus vive, l'attachement le
plus tendre à des hommes qui ne sont pas

leurs maris , et vivent avec eux très-intimé-
ment sans que leur réputation soit blessée , et
sans qu'elles soient même soupçonnées par
leur propre sexe d'avoir dévié des lois de la
modestie.

Un soir , chez la comtesse Thune , le cercle
étant très-nombreux , je remarquai une femme
extraordinairement triste, et je demandai à son
amie intime qui se trouvait près de moi , si
elle connaissait la cause de cette tristesse ? —
Sans doute, me répondit-elle ; M. de... qu'elle
aime tendrement, devrait être ici depuis un
mois , et hier soir elle a appris par une lettre
de lui qu'il s'en passera encore un autre
avant qu'il soit à Vienne. — Mais , je vous
prie , lui dis-je , le mari de votre amie sait-il
qu'elle a cette violente passion pour M. de... ?
— Oui , oui , il le sait, et il entre avec la plus
tendre sympathie dans son affliction ; il fait
tout ce qu'on peut attendre d'un mari affec-
tionné pour consoler sa femme ; il l'assure
que son amour s'affaiblira avec le tems , mais
elle déclare qu'elle ne peut l'espérer, parce
qu'elle le sent augmenter tous les jours. Au
fond , continua la dame , cela lui fait bien de
la peine , car il aime sa femme à la folie , et

sa femme., qui est la meilleure créature du monde , plaint infiniment son pauvre mari : elle a pour lui beaucoup d'estime et d'amitié, mais elle ne peut se défaire de cette malheureuse passion pour M. de....

Je ne fus nullement surpris qu'une contrariété de cette espèce affligeât une femme , mais j'avoue que je fus étonné de la voir paraître en public avec toute l'ostentation de douleur d'une jeune veuve vaine de son deuil. Ici , ses amis déploraient sa passion comme une infortune; en Angleterre , si je m'en souviens bien , des infortunes de cette espèce sont ordinairement considérées comme des crimes.

LETTRE LXXXV.

Presbourg.

Le vicomte de Laval m'ayant proposé dernièrement de faire , avec lui , un voyage de peu de durée en Hongrie , je consentis très-facilement à l'accompagner , et nous sommes arrivés dans cette ville hier matin.

Presbourg, qui est la capitale de la Basse-Hongrie, reçoit, comme Vienne, sa plus grande beauté de la magnificence de ses faubourgs. Les Etats de Hongrie tiennent leurs assemblées dans cette ville, et le souverain est couronné dans l'église cathédrale.

L'impératrice actuelle se réfugia ici lorsque l'électeur de Bavière fut déclaré empereur à Prague : alors ses alliés l'abandonnèrent, et la France la menaça d'une ruine totale ; mais sa magnanimité, l'amitié généreuse de la Grande-Bretagne et la fidélité des Hongrois rétablirent enfin sa fortune et replacèrent sa famille dans le rang éclatant qu'elle tient eu Europe.

Quel politique aurait pu penser, en 1742, que le cours de quelques années serait suffisant pour amener une étroite alliance entre l'Impératrice et la France, et pour asseoir une de ses filles sur le trône de ce royaume ? Si un devin de Boston prédisait que John Hancock ou son fils demandera, dans quelque tems, la fille du roi d'Angleterre en mariage, je vous engage à ne pas soutenir que cet événement n'arrivera pas.

M. de Laval et moi nous avons été, ce

matin , nous promener au château. C'est un noble édifice gothique. La forme en est carrée ; chaque coin se termine par une tour. Les marques de la royauté , qui consistent dans la couronne et le sceptre de Saint Etienne , le premier roi de Hongrie , sont déposées ici et soigneusement conservées , sous la garde de sept serrures , dont les clefs sont confiées à un nombre égal de seigneurs hongrois. Un prince ne peut être regardé par le peuple comme son souverain légitime , qu'après avoir été couronné avec le diadême du roi Etienne ; et il est persuadé que le sort de la nation sera parfaitement assuré tant qu'elle restera en possession de cette couronne ; aussi , dans tous les instans de péril, on la transporte dans les places les plus sûres.

Les Turcs , qui sentent l'influence d'un pareil préjugé sur l'esprit du vulgaire , ont fait de fréquentes tentatives pour s'emparer de ce palladium. Le sort de la Hongrie paraît maintenant si irrévocablement décidé , que les Hongrois doivent peu s'inquiéter que cette précieuse relique soit dans ce château ou dans le palais impérial de Vienne : par la constitution de ce pays , la couronne est encore considérée comme élective : on ne dispute point sur les termes ; tout ce qu'on exige , c'est que l'héritier de la maison d'Autriche soit élu aussitôt que le trône se trouve vacant.

Le château de Presbourg est l'habitation ordinaire du prince Albert de Saxe , qui a épousé une des archiduchesses , princesse aussi belle qu'accomplie. Nous allions entrer, M. de Laval et moi , dans les appartemens , lorsque nous les avons aperçus l'un et l'autre à une fenêtre : notre costume de voyage nous a obligés de nous retirer précipitamment. M. de Laval avait vu leurs altesses il y avait peu de jours à Schœnbrun , et il pensait qu'elles y étaient encore. La princesse nous a envoyé un des gens de sa maison , avec un message poli , et l'ordre de nous conduire dans tous les appartemens du château ; elle a même sorti de celui où elle était , afin que nous pussions le voir.

Toutes les princesses de la maison d'Autriche se distinguent par une politesse attentive et obligeante d'autant plus remarquable , que ceux qui vivent dans les cours acquièrent souvent une espèce de politesse fort peu obli-

geante. La splendeur et les distinctions inspirent fréquemment une vanité présomp-
tueuse qui tend sur-tout à affaiblir le jugement
féminin. Les femmes de cour en général,
mais particulièrement celles qui prodiguent
d'abjectes flatteries aux têtes couronnées, se
rendent quelquefois ridicules par les airs ar-
rogans qu'elles prennent avec le reste du
monde, et tandis qu'elles usurpent l'importance de la royauté, le cœur de ceux qui les
connaissent se remplit de toute l'aversion
compatible avec le mépris.

La vue de la citadelle est très-étendue, elle
domine sur les vastes et fertiles plaines de la
Hongrie.

Après avoir dîné à l'auberge, et nous être
fait servir à peu de frais d'excellent vin de
Tockai, nous avons été à quatre milles d'ici
visiter une maison de plaisance possédée par
un noble hongrois. Cette maison est déli-
cieusement située, les jardins sont dessinés
d'une manière un peu trop méthodique, mais
le parc et les champs qui l'entourent, où moins
d'art a été mis en usage, déploient un grand
luxe de beautés naturelles.

En les parcourant, nous sommes entrés

dans un petit bois sombre et retiré , et bientôt nous avons aperçu un vénérable vieillard à longue barbe , qui de son bras étendu semblait nous inviter à venir dans un petit hermitage que nous voyions près de là. Le vicomte , impatient de cultiver la connaissance d'un homme si hospitalier, a couru vers lui. Tout à coup il s'est arrêté , et ensuite, à mon grand étonnement, il a levé son pied avec indignation et en a donné un violent coup au pauvre hermite. Je n'ai de ma vie été plus choqué , et en même tems j'ai resté entièrement confondu d'une action si indigne en elle-même , et si incompatible avec le caractère de M. de Laval. Mais je me suis promptement réconcilié avec le traitement que le vieillard venait de recevoir , lorsque j'ai découvert que le vénérable personnage n'était pas l'honnête homme pour qui je le prenais , mais un franc imposteur fait de bois peint , et habillé avec une des robes de l'hermite pour tromper les passans.

Au-dessus de la porte, et à l'extérieur de l'hermitage , est cette inscription d'Horace :

Odi profanum vulgus.
Je hais le profane vulgaire.

Et dans l'intérieur :

Fata volentes ducant, nolentes.

Le destin conduit celui qui se soumet ; il entraîne celui qui résiste.

Dans un autre endroit on lit :

Omnes eodem cogimur, omnium
Omnes urna, seriùs, ociùs,
Sors exitura et nos in æternum
Exilïum impositura cimbæ.

Forcés de suivre la même route, nous verrons tous, l'un plutôt, l'autre plus tard, sortir de la même urne l'arrêt inévitable qui nous conduira dans la barque fatale à un exil éternel.

Il y a aussi plusieurs inscriptions tirées de Cicéron, en faveur de l'immortalité de l'ame, que je suis fâché d'avoir négligé de transcrire.

Nous sommes revenus ce soir dans cette ville, et nous partons demain pour le palais d'Estherhazy.

LETTRE LXXXVI.

Vienne.

Après avoir quitté Presbourg nous fîmes huit postes dans un pays fertile pour atteindre le palais d'Estherazy, habité par le prince de ce nom. Il tient le premier rang dans la noblesse de Hongrie, et sa magnificence paraît plutôt celle d'un souverain que d'un sujet. Il a des gardes du corps, tous fort beaux hommes et richement habillés à la manière hongroise.

Le palais est un superbe édifice nouvellement achevé, et situé près d'un beau lac; les appartemens sont vastes et commodes, et dans aucune maison royale je n'avais vu de meubles aussi somptueux. J'ai remarqué dans l'appartement du prince plusieurs pendules musicales très-curieuses; une d'elles, sous la forme d'un oiseau, fait entendre un air à chaque heure.

Auprès du palais il y a un théâtre pour l'opéra et la comédie ; dans les jardins, on a construit une grande salle pour les mascarades et les bals.

A peu de distance un autre théâtre est uniquement destiné aux marionnettes. Il est beaucoup plus vaste que la plupart des salles de spectacle de province, et je peux assurer hardiment qu'il n'en existe pas d'aussi magnifique en Europe pour cette espèce d'acteurs. Nous regrettâmes de ne pas les voir jouer, car ils ont la réputation d'être les meilleurs comédiens de Hongrie.

Nous eûmes la curiosité de regarder derrière le rideau, et nous vîmes les rois, les empereurs, les turcs et les chrétiens rangés très-amicalement ensemble ; le roi Salomon, dans un coin, paraissait avoir un tête-à-tête très-suspect avec la reine de Saba.

Entre autres curiosités, nous remarquâmes dans les jardins une maison de bois montée sur des roues ; elle contient une chambre où l'on trouve une cheminée, des fauteuils, une table et même des cabinets. Quelquefois le prince reçoit dans cette maison douze personnes qui trouvent aisément place autour de la table, et peuvent ainsi se promener dans les allées des jardins et dans plusieurs parties du parc parfaitement unies : six ou huit chevaux mènent facilement cette machine.

Le prince d'Estherazy ayant appris que le

vicomte de Laval était dans les jardins, nous envoya inviter pour l'opéra, qui devait être joué cette même soirée ; mais comme nous n'avions apporté aucun des vêtemens nécessaires pour cette occasion, nous fûmes contraints de refuser cette obligeante invitation. Le prince nous fit amener ensuite une voiture dans laquelle nous parcourûmes les parcs et les jardins qui sont d'une vaste étendue et d'une beauté au-dessus de toute description. Les bosquets, les fontaines, les allées, les bois, les montagnes et les vallées y sont jetés dans le plus charmant désordre. La peinture que l'Arioste fait des jardins enchantés d'Alcine, pourra seule vous donner une idée des champs romantiques d'Esterhazy qui sont aussi habités par les mêmes espèces d'animaux :

> *Tra le purpuree rose e i bianchi gigli,*
> *Che tepid aura freschi ognora serba,*
> *Sicuri si vedean lepri e conigli ;*
> *E cervi con la fronte alta e superba,*
> *Senza temer che alcun li uccida o pigli,*
> *Pascono, e stansi ruminando l'erba :*
> *E saltan daini e capri snelli e destri,*
> *Che sono in copia in quei luoghi campestri.*

Au milieu des roses pourprées et des lis éclatans que le zéphyr conserve toujours frais, le lièvre et le

lapin se montrent avec sécurité, et les cerfs au
front élevé et superbe, sans crainte du fusil ni du
chien menaçant, paissent et ruminent tranquillement couchés sur le gazon, les daims et les chè-
vres bondissent à droite et à gauche, et se plaisent
à errer en troupe dans ces lieux champêtres.

M. de Laval était transporté d'admiration.
Je lui demandai, lorsqu'il était au plus haut
point d'enthousiasme, s'il pensait que ces jardins pussent être comparés avec avantage à
ceux de Versailles.

Oh parbleu, Monsieur, répondit-il, Versailles a été fait exprès pour n'être comparé à
rien. Cependant après quelque difficulté, il
avoua qu'excepté la France, il n'avait point
encore vu de pays aussi beau que celui-ci.

Après une promenade de plusieurs heures
nous revînmes à l'auberge, où nous trouvâmes un valet qui nous attendait; il était
chargé des complimens du prince d'Estherazy
et d'une demi-douzaine de bouteilles de Tockai, de Champagne et de Hoch. Nous déplo-
râmes très-sincèrement l'impossibilité où nous
étions d'avoir l'honneur de remercier le prince
et de lui rendre nos devoirs.

Une troupe de chanteurs et d'acteurs italiens étaient alors dans l'auberge et se dispo-

saient à jouer. De tous côtés on faisait de grands préparatifs pour la réception de l'impératrice qui doit venir passer plusieurs jours à Estherazy avec toute la cour; quoique le palais soit destiné à loger la famille impériale et beaucoup de noblesse, cependant cette vaste auberge était déja retenue.pour les personnes invitées.

On vit à très-bon marché en Hongrie, la terre est fertile et produit dans quelques parties le vin le plus estimé de l'Europe ; plusieurs lacs, les détours du Danube, et les ruisseaux qui se jettent dans le fleuve embellissent encore le pays. Les bois fournissent une race de chevaux distingués par une vigueur et une activité fort au-dessus de leur stature. Les hussards, ou la cavalerie légère de l'armée autrichienne, sont montés sur des chevaux de cette espèce, et en ont éprouvé l'utilité dans la dernière guerre.

En Hongrie les hommes sont beaux et bien faits, et leur costume singulier, mais agréable, ajoute encore à leurs avantages extérieurs. Ladi M. W. Montague assure que les femmes de ce pays sont beaucoup plus belles que les autrichiennes. Quant à moi, je pense des femmes comme M. de Laval de Versailles, qu'elles ne peuvent être comparées à rien, pas même les unes avec les autres. Mais il me semble qu'en général il est naturel de supposer que dans les contrées où les hommes sont beaux et bien faits, les femmes possèdent les mêmes agrémens; car les parens apportent sans doute autant d'attention à la formation des filles qu'à celle de leurs garçons. Ainsi je peux avancer, à l'appui de cette doctrine, que les femmes m'ont paru aussi belles que les hommes en Hongrie, et même une des plus jolies femmes de la cour de Vienne est de ce pays.

Aucuns des sujets de l'impératrice ne possèdent autant de priviléges, et ne sont taxés aussi légèrement que les Hongrois. Cela est dû en partie au souvenir reconnaissant qu'elle a conservé de l'attachement et de la fidélité qu'ils lui montrèrent dans les jours de sa détresse : mais ce sentiment aurait moins de force dans son cœur, que des raisons politiques leur feraient continuer les mêmes privilèges et les mêmes exemptions, car il serait dangereux de désobliger les habitans d'un pays frontière qui touche aux Etats d'un ennemi invétéré ; et rien ne saurait plaire davantage aux Turcs que de voir la maison d'Autriche s'aliéner les Hongrois.

Je trouvai ce pays et la société de **M.** de Laval si agréables, que j'aurais étendu avec plaisir notre excursion. Mais il était obligé de partir pour Chambéry, afin de rendre ses devoirs au comte d'Artois, qui doit y venir pour visiter sa future épouse la princesse de Savoie. Nous revînmes donc directement à Vienne.

LETTRE LXXXVII.

Vienne.

AINSI le sort du pauvre . . . . est enfin décidé, et il trouve maintenant que d'être ruiné n'est pas une chose si indifférente qu'il l'imaginait. Je ne lui vois ni la possibilité de sortir de la position embarrassée où il se trouve, ni la force de la supporter. Accoutumé à toutes les jouissances du luxe, comment pourra-t-il se soumettre aux inconvéniens de la pauvreté? Dissipé et inattentif depuis son enfance, comment pourra-t-il se livrer au travail? Sa gaieté, son extérieur agréable et son caractère facile, le faisaient accueillir par-tout, et quelques personnes actuellement en place, ont recherché sa société, tant qu'il n'a fondé aucune espérance sur leur amitié. Mais en sera-t-il de même à présent que cette amitié devient sa seule ressource? Cette épreuve délicate peut ne pas réussir, mais il vaut autant pour lui qu'il l'essaye maintenant que dans cinq ou six ans. .

Cette triste catastrophe était prévue depuis long-tems, il semblait presque de nécessité absolue qu'elle arrivât tôt ou tard ; car il n'avait ni prudence, ni objet dans sa manière de jouer. Il se livrait à ce dangereux amusement par habitude seulement, car il était l'homme du monde le moins avide d'excessives richesses. Les dépenses du jeu exceptées, il vivait de son revenu, non pas qu'il eût le désir de conserver son argent, mais simplement parce qu'il n'avait que des goûts modérés. Combien de fois l'avons-nous vu perdre des sommes immenses avec des gens qui n'auraient jamais pu en payer la moitié, s'il lui fût arrivé de les gagner, ou qui empruntaient son argent pour jouer contre lui?

Beaucoup de jeunes gens riches et insou-cians, guidés par le même motif, jouent de la même manière que notre malheureux ami. Quelle en est la conséquence? L'argent circule un instant parmi eux, mais finit par rester entre les mains de personnes d'un caractère très-différent. Je suis loin de penser qu'aucun des joueurs fortunés que nous avons connus, ait jamais corrigé la fortune par des moyens frauduleux. Je pense, au contraire, que ces moyens sont mis plus rarement en pratique dans les clubs d'Angleterre que dans toutes les autres sociétés de jeu du monde entier. Mais laissons de côté toute espèce de filouterie manifeste, et supposons que parmi un grand nombre de gens riches, négligens et inattentifs, il se trouve quelques hommes froids, circonspects et adroits, qui sachent cacher leur prudence sous une légéreté apparente, pousser leur veine quand la fortune leur sourit, et se retirer quand elle change de disposition, qui, enfin, possèdent l'art de calculer les chances, et la connaissance parfaite des jeux soumis au jugement. La probabilité de gagner ne sera-t-elle pas toute en faveur de tels hommes, et n'approchera-t-elle pas autant de la certitude que s'ils avaient chargé les dez ou filé les cartes ? Je sais que vous êtes lié intimément avec plusieurs joueurs heureux. Je vous ai entendu dire que leur manière de jouer avait toujours été irréprochable , et je crois qu'ils avaient seulement sur leurs adversaires les avantages que je viens d'indiquer ; mais n'avez-vous pas toujours remarqué que la plus grande partie de ceux qui faisaient fortune au jeu , et la conservaient ensuite , avaient le caractère froid , prudent , fin et égoïste.

Si ces hommes étaient appelés en justice et interrogés sur les moyens qu'ils emploient pour accumuler de grandes sommes , tandis que tant d'autres perdent ou diminuent leur fortune , ils pourraient adresser à leurs juges la réponse que la femme de Concini , maréchal d'Ancre , fit aux siens, si pourtant il est permis d'employer le mot esprit pour exprimer la supériorité artificielle de leur caractère. Quand on lui demanda de quel charme elle s'était servie pour fasciner l'esprit de la reine , de l'ascendant, dit-elle, qu'un esprit supérieur à toujours sur les esprits faibles. Certainement la plus grande faiblesse dans laquelle puisse tomber un homme qui possède une fortune indépendante , est celle de jouer assez imprudemment pour la risquer , et cela dans l'espoir de doubler ou tripler son revenu ; car le bonheur additionnel qu'il recevrait d'un accroissement de richesse , sera toujours mille fois au-dessous du malheur qui suivrait la perte de sa fortune.

Cette observation seule devrait être suffisante pour détourner tout homme doué d'une légère portion d'intelligence , d'une conduite si absurde ; cependant beaucoup d'autres considérations ajouteront encore à la force de ce raisonnement, si l'on réfléchit sur les sinistres effets que l'habitude-constante du jeu produit sur l'esprit et le caractère. Elle éloigne toutes les idées d'économie , absorbe le tems dans son entier , détruit les meilleurs principes , pervertit les qualités du cœur , rend les hommes indifférens à la ruine de leurs connaissances , et leur fait recevoir avec une insensibilité sauvage les dépouilles de leurs imprudens amis.

Si nous avons connu, vous et moi, des gens que le goût du jeu n'ait pas amenés à ces effrayans résultats , nous en devons conclure que l'honneur et l'intégrité étaient fortement enracinés dans leurs ames. Ces exemples peuvent être regardés comme des exceptions à une règle générale , mais non comme des argumens contre la tendance générale du jeu.

Si les hommes distingués par leurs richesses et leur rang , se livraient à l'habitude de jouer sur des calculs et des raisonnemens particuliers , il serait plus facile de les détromper et de leur en faire sentir la fausseté ; mais la plupart d'entre eux commencent à jouer sans avoir le projet d'augmenter leurs richesses ; cet amusement leur paraît noble , bienséant, propre à faire connaître leur désintéressement et leur mépris pour l'argent.

Peut-être même ont-ils pris quelquefois pour de l'admiration la surprise que cause toujours une perte excessive. Dans cette méprise, l'idée d'être admirés a pu leur rendre moins pénible de l'être à ce prix. Ensuite ils ont essayé de regagner ce qu'ils avaient perdu si frivolement : l'habitude se forme par degrés et devient enfin l'unique ressource contre l'ennui; car ce mal accable souvent les hommes nés avec de grandes fortunes et qui n'ont pas acquis de bonne heure la faculté de s'amuser eux-mêmes. Ceux dont la naissance n'a pas été suivie des mêmes espérances sont continuellement arrachés à l'indolence par les obstacles qu'ils ont à franchir. La poursuite de cette indépendance que le cœur humain brûle presque toujours d'obtenir, et dont la valeur est inconnue seulement à ceux qui l'ont toujours possédée, est une occupation que les hommes jugent nécessaire et trouvent souvent agréable; elle suffit, avec les autres devoirs de la vie, pour occuper leur tems, leurs pensées, et les préserver *des peines et des punitions de l'oisiveté*.

Mais comme il serait peu convenable et inutile à des gens riches de courir après la fortune, ils ont besoin de remplacer ce grand principe d'activité; je ne connais rien qu'on puisse y substituer avec plus de certitude du succès que l'amour des sciences et de la littérature; aussi je le crois plus nécessaire au bonheur de nos riches seigneurs, qu'à celui de l'homme placé dans la gêne ou la médiocrité.

Si l'indépendance est désirée avec une ardeur universelle par le genre humain, la science n'offre la route ni la plus sûre ni la plus courte pour l'atteindre, mais elle apprend à ceux qui sont déjà arrivés à ce but à jouir de cette indépendance avec dignité, et à faire servir à leur bonheur les dons de la fortune : s'ils sont ambitieux, l'étude des lettres ornera leur esprit, étendra leurs facultés, facilitera leurs plans et les rapprochera du rang élevé auquel ils aspirent. Si l'ambition n'a aucun pouvoir sur leur ame, cette étude leur sera encore plus utile, puisqu'elle les défendra de la langueur d'une vie retirée et inactive.

> *Quod si non hic tantus fructus ostenderetur, et si ex his studiis sola delectatio peteretur, tamen ut opinor, hanc animi remissionem humanissimam ac liberalissimam judicaretis.*

Cet amour des lettres, considéré comme un amusement propre à remplir d'une manière agréable les heures vides de la vie, est plus nécessaire aux hommes riches qu'à ceux qui sont sans fortune, aux hommes sans ambition qu'à ceux qui sont animés par cette active passion, et enfin à la généralité des Anglais qu'aux Allemands ou aux Français.

Les allemands ont rarement besoin de variété ; ils supportent toujours avec patience, souvent avec satisfaction, la languissante uniformité de la vie, et les atteintes même du dégoût ne peuvent altérer leur surprenante impassibilité. Quoique les Français ne soient pas tout-à-fait si célèbres pour la patience, ils ne se livrent presque jamais au découragement. Les affaires publiques qui troublent le repos de tant de dignes citoyens à Londres tourmentent peu le Français. Si les armes de la France obtiennent du succès, il s'en réjouit de tout son cœur; si elles sont malheureuses, il rit des généraux de toute son ame; si sa maîtresse est tendre, il vante sa bonté et son goût; si elle est cruelle, il se moque de sa folie dans les bras d'une autre.

Aucun peuple ne fut jamais si passionné pour les amusemens, et si facilement amusé; le plaisir semble être l'unique objet qu'il poursuit dans la vie, il le tire de mille sources où aucun autre peuple n'imaginerait qu'il pût être trouvé. Je ne sais de quel auteur sont les vers suivans, mais ils m'ont paru faciles, et ils donnent une juste idée du caractère et des sentimens de la nation française :

> M'amuser, n'importe comment,
> Fait toute ma philosophie ;
> Je crois ne perdre aucun moment,
> Hors le moment où je m'ennuie ;
> Et je tiens ma tâche finie
> Pourvu qu'ainsi tout doucement
> Je me défasse de la vie.

Ceux de mes compatriotes qui se sont appliqués aux sciences, ont obtenu autant de

succès que leurs voisins ; mais ceux qui étu-
dient l'art de s'amuser , n'ont certainement
pas été si heureux dans leurs recherches que
les Français. Beaucoup de choses qui amusent
les derniers semblent frivoles et insipides aux
premiers. L'Anglais voit les objets à travers
un milieu plus sombre , moins touché par les
plaisirs que ses voisins , il est plus affecté par
les vexations de la vie qui trop souvent le
plongent dans l'abattement ; la répétition de
scènes que d'abord il jugeait agréables , flétrit
son ame. Cette stagnation des esprits animaux,
quelle que puisse en être la cause , devient ensuite elle-même celle des résolutions désespérées et des habitudes mélancoliques.

Ainsi , un homme riche qui peut acquérir
par l'étude le goût des sciences , et les ranger
parmi ses amusemens , a fait une acquisition
plus importante pour son bonheur , que s'il
avait doublé la valeur de ses biens. Je suis persuadé qu'un goût de cette espèce est la seule
chose qui puisse rendre indépendant celui
dont la fortune est très-considérable. Quel
que soit l'objet de ses recherches , sa curiosité
sera continuellement éveillée. Une inépuisable variété d'objets intéressans s'offrira à sa

vue , et lorsque les jouissances de l'ambition
lui deviendront insipides , il aura encore des
antidotes contre l'ennui , et la meilleure chance
pour passer agréablement la vie , que l'incertitude des évènemens humains laisse à l'homme.

LETTRE LXXXVIII.

Vienne.

DANS votre dernière lettre vous montrez un
goût si décidé pour les anecdotes , et vous
semblez désirer si vivement que j'insiste particulièrement sur les mœurs et les personnes ,
que je crains de vous avoir déplu en vous
adressant une longue épître sur un sujet totalement étranger à celui qui vous intéresse;
mais vous devez vous rappeler que je vous ai
averti dès le commencement de cette correspondance , que je me réservais le privilége
d'interrompre mes récits par autant de digres-
sions qu'il me plairait , et de parler de ce que
je penserais aussi bien que de ce que je verrais :
cependant cette lettre ne contiendra que des
descriptions.

Le sujet de la première sera la fête de saint Etienne, célébrée peu de tems après notre arrivée à Vienne. L'Empereur dîne ce jour en public avec tous ses chevaliers. Il était au haut bout de la table, son frère et son beau-frère placés près de lui et les autres chevaliers assis suivant leur rang. Les archiduchesses, et quelques-unes des principales dames de la cour, étaient dans une galerie pratiquée dans la salle pour voir cette cérémonie ; l'Empereur et tous les chevaliers avaient les robes de l'ordre, les gardes hongrois, le sabre nu, environnaient la table.

L'honneur de servir l'Empereur dans cette solennité appartient entièrement aux Hongrois. Lorsqu'il demandait à boire, un noble hongrois versait un peu de vin dans une coupe et le goûtait ; il en remplissait ensuite une autre qu'il présentait à l'Empereur avec un genou en terre. L'Empereur sourit souvent à ce seigneur dans le cours de la cérémonie, et semblait indiquer par sa conduite qu'il considérait les humbles génuflexions d'un homme à un autre comme une démonstration de respect fort exagérée, et qu'il les souffrait seulement par égard pour une ancienne coutume.

Cette fête avait attiré une foule de curieux ; je n'eus une place qu'avec beaucoup de difficulté, et cependant il n'y avait rien à voir que plusieurs hommes bien habillés qui mangeaient un excellent dîner avec un assez bon appétit.

Depuis la fête de saint Etienne nous avons été témoins de la cérémonie annuelle en commémoration de la défaite de l'armée turque par Jean Sobieski, roi de Pologne, et de la levée du siége de Vienne. La famille impériale, et la principale noblesse de l'un et de l'autre sexe, se promenèrent en procession solennelle et furent entendre la messe à l'église de saint Etienne. Dans le milieu de la rue qui conduit du palais à l'église, on avait élevé une espèce de plate-forme sur laquelle marchait la procession, les rues étaient bordées de gardes impériaux et les fenêtres et les toits remplis de spectateurs. Le duc d'Hamilton et moi trouvâmes une très-bonne place à un balcon avec l'ambassadeur de Venise.

La cérémonie aurait été trop fatigante pour l'Impératrice, elle n'y parut pas, mais l'Empereur, les archiducs et archiduchesses ouvrirent la marche avec la principale noblesse ; ils étaient suivis par un nombreux cortége d'évêques , de prêtres et de moines , et par une troupe de musiciens.

Comme ce jour est consacré à la joie , la parure la plus gaie et la plus riche est regardée comme le témoignage d'une pieuse gratitude , aussi les dames signalèrent leur dévotion de la manière la plus brillante ; leurs esprits cependant n'étaient pas tellement absorbés par les contemplations célestes, qu'elles ne pussent encore adresser en passant des signes et des sourires à celles de leurs connaissances terrestres qui étaient aux fenêtres.

Le lendemain la famille impériale dîna en public , et beaucoup de gens retournèrent la voir ; je ne fus pas du nombre , quoique personne ne puisse lui souhaiter plus que moi la jouissance de tous les biens de la vie. Je ne sais par quel motif les souverains en France, et dans d'autres pays de l'Europe , ont adopté la coutume de manger en public. Ils ne peuvent imaginer que les spectateurs éprouvent une grande admiration à cette vue. Certainement il serait reconnu qu'ils remplissent ces fonctions nécessaires , quand même on n'admettrait pas tant de témoins pour affirmer le fait. Si ce spectacle est destiné à l'amuse-

ment de leurs sujets, mille autres produi-
raient plus surement cet effet ; car quelque
intéressant que puisse être le rôle d'acteur
dans un festin, celui de spectateur est un des
plus insipides que l'on puisse imaginer.

Mais il y eut le soir de ce même jour à
Schœnbrun une mascarade qui, sans doute,
amusa plus généralement. Quatre mille billets
avaient été distribués, un nombreux détachement de dragons, placé sur la route de Vienne,
faisait suivre une seule ligne aux carrosses et
empêchait le désordre. Les principales pièces
de ce magnifique palais étaient ouvertes. Dans
trois grandes salles, au rez-de-chaussée, on
servit une collation froide composée de vo-
lailles, de jambons, de confitures et de fruits
de toute espèce ; des vins du Rhin, de Champagne et d'autres pays, étaient servis avec
promptitude et profusion à tous ceux qui en
demandaient.

A l'extrémité de la salle à manger, des
siéges étaient occupés par l'Impératrice et
quelques dames de sa suite. L'archiduc, les
archiduchesses, la princesse de Modène et
vingt-quatre personnes choisies dans la première noblesse exécutèrent un ballet. Le cos-

tume des danseurs et danseuses était en étoffe de soie blanche, orné de rubans et de diamans avec profusion.

Ce ballet fut exécuté à trois fois différentes ; ceux qui l'avaient vu passaient dans la galerie et de nouveaux spectateurs leur succédaient. Dans le jardin, sur une petite éminence en face des fenêtres du palais, on avait figuré la façade d'un vaste et magnifique temple dont un nombre incroyable de lampes dessinait l'architecture. Cette illumination produisit un très-bel effet de Vienne et même d'autres lieux plus éloignés. L'Empereur se mêla dans la foule des personnes invitées, et joua toute cette soirée le simple rôle de spectateur. Il causait familièrement dans la salle avec un gentilhomme anglais, sans observer que le troisième ballet allait commencer, lorsque le maître des cérémonies vint lui parler bas un instant : l'Empereur saisit l'Anglais par le bras en lui disant : Allons, Monsieur, on nous chasse, il faut se retirer ; et il fut sur le champ dans une pièce voisine pour céder la place à d'autres qui n'avaient pas encore vu le ballet.

Cette fête était donnée à la princesse de Modène, dont le séjour habituel est fixé à

Milan. L'Impératrice, entourée de ses des-
cendans, paraissait heureuse et satisfaite, et
semblait partager la vivacité et la gaieté de
l'assemblée.

Elle est chérie par ses enfans et par ses sujets, mais elle confond aussi ses sujets avec
ses enfans dans sa tendresse.

C'est une erreur d'imaginer qu'une grande
dévotion ait de la tendance à aigrir le caractère ; sans doute elle n'a pas toujours le pouvoir d'adoucir l'austérité farouche sur laquelle
elle est souvent greffée ; mais les bonnes dispositions d'un cœur naturellement bienveillant sont toujours fortifiées et animées par une
piété réelle. J'en ai vu mille exemples, et je
crois que sa majesté impériale en fournit un.

LETTRE LXXXIX.

Vienne.

L'Empereur est d'une taille moyenne, mais
bien proportionnée ; il ressemble beaucoup à sa
sœur la reine de France, et c'est, à mon avis,
parler très-favorablement de sa figure. Avant
d'avoir été témoin de sa conduite habituelle,

je croyais impossible qu'une personne d'un rang aussi élevé pût mettre autant d'aisance dans la conversation. Ses manières, que j'ai eu fréquemment l'occasion d'observer, sont affables, obligeantes et parfaitement dégagées de cette orgueilleuse réserve qui accompagne souvent une haute naissance. Ceux qui se rencontrent avec lui, loin d'être retenus par cette misérable fierté, ont besoin de se surveiller avec attention, pour ne pas prendre le ton familier que sa condescendance pourrait permettre, mais qu'il serait peu convenable d'adopter.

Il est régulier dans sa vie, modéré dans ses plaisirs, ferme dans ses plans et diligent dans ses affaires. Singulièrement attaché à son armée, il cherche à rendre la position de ses soldats aussi heureuse que leur profession peut le permettre ; il est économe et accorde peu d'argent au luxe inutile ; c'est sans doute ce qui l'a fait accuser d'avarice par ses ennemis.

Je ne saurais m'empêcher de considérer l'économie comme une des qualités les plus utiles dans un prince. La libéralité même portée à un excès imprudent, peut dans un simple particulier être l'effet d'une sorte de grandeur d'ame ; sa fortune lui appartient , il ne fait tort qu'à lui - même en la prodiguant , et il sait que personne ne lui remboursera le prix de ses extravagances. Il semble donc avoir formé la résolution de se soumettre aux inconvéniens d'une pauvreté future , plutôt que de renoncer au bonheur présent de vivre avec magnificence et de donner plus qu'il ne peut.

Mais la position d'un souverain est très-différente ; ce qu'il dissipe n'est pas à lui , c'est l'argent public : il sait que ses sujets sont obligés de fournir au luxe et à la splendeur de sa cour. Aussi lorsque j'entends dire qu'un roi a donné à un individu des sommes considérables, le montant du don , les qualités de la personne qui l'a reçu , et les motifs qui l'ont fait accorder , me font bientôt juger du mérite de l'action ; mais soit qu'elle ait été bien ou mal fondée , on ne peut jamais l'appeler générosité.

L'homme généreux est celui qui se dépouille de ce qu'il possède pour l'amour d'un autre. Il ne peut y avoir de générosité à donner ce qui doit être remplacé le moment d'après, et cependant il arrive souvent que des rois se croient généreux en accordant à la classe oisive de leurs sujets l'argent qu'ils ont tiré de la classe industrieuse. J'ai entendu des musiciens et des danseurs d'opéra louer la conduite noble et généreuse d'un prince envers eux, tandis que près de sa personne des hommes qui avaient des talens utiles et un mérite réel, languissaient dans la misère. L'Empereur n'a certainement pas cette espèce de générosité.

Son costume ordinaire, le seul même que je lui aie vu, excepté à la fête des chevaliers, est un uniforme blanc à revers rouges. Lorsqu'il va à Laxenbourg, Schœnbrun, ou dans d'autres lieux peu éloignés de Vienne, il est ordinairement sans aucune suite, dans une chaise ouverte menée par deux chevaux avec un seul homme derrière ; il permet rarement à la garde de sortir lorsqu'il passe les portes : il aime beaucoup à causer avec les gens ingénieux ; lorsqu'il entend parler d'une personne distinguée par ses talens, il cherche avec empressement à la voir quel que soit son rang ou son pays ; et tournant la conversation sur le sujet qu'elle passe pour posséder, il en obtient autant qu'il peut d'utiles informations. De tous les moyens d'étendre ses connaissances, c'est peut-être le plus efficace dont puisse se servir

celui à qui des occupations plus importantes,
encore ne laissent que peu de tems à consa-
crer à l'étude.

Il semble penser que beaucoup de princes
doivent leur ignorance à leur vanité, au cérémonial dans lequel ils se retranchent, et qui
les dépouillent de l'avantage que le reste des
hommes tire du libre échange des sentimens
de chacun d'eux. Il est convaincu que si un
roi ne cherche pas à oublier ou à faire oublier
quelquefois la distance qui le sépare de ses
sujets, s'il ne peut peser son propre mérite
sans jeter dans la balance les gardes et la splendeur qui l'environnent, il lui est bien difficile
de connaître le monde, et lui-même.

Un soir chez la comtesse de Walstein, la
conversation tourna sur ce sujet, et l'Empereur cita quelques exemples remarquables et
plaisans des inconvéniens de l'étiquette observée dans certaines cours. Un des assistans
loua les moyens efficaces que sa majesté avait
employés pour bannir ces inconvéniens de la
cour de Vienne. « Parce que j'ai le malheur
d'être Empereur, répondit-il, dois-je être condamné à ne jamais jouir de ces plaisirs de la
vie sociale que je préfère à tous les autres? L'é-

clat, les soumissions exagérées auxquels on est accoutumé dans mon rang dès le berceau , ne m'ont pas rendu assez vain pour me faire imaginer que dans les qualités essentielles je sois supérieur à tous les hommes ; mais si j'avais quelque penchant à le croire, j'ai choisi la plus sûre manière de me détromper en me mêlant dans la société , où je rencontre journellement des gens à qui je suis inférieur en talens. Je ne pourrais trouver aucune satisfaction en m'arrogeant une supériorité que je sentirais ne pas exister : je cherche donc à plaire , à jouir, autant que ma position le permet, des bienfaits de la société , et je suis convaincu que l'homme qui s'élève au-dessus de l'amitié s'élève aussi au-dessus du bonheur. » Ce langage est adopté par tous les pauvres philosophes , mais j'imagine que les souverains l'ont rarement employé , et que plus rarement encore ils en ont mis les conséquences en pratique.

Quelques jours après cette conversation il y eut un feu d'artifice dans le prater, vaste parc environné par le Danube et où l'on arrive par un pont de bois ; comme les voitures ne pouvaient le passer , tout le monde laissa ses carrosses au bord de l'eau, et s'avança à pied. Sur un des côtés du pont, il y a un sentier étroit séparé du reste du chemin par une barrière; beaucoup de gens prirent très-imprudemment ce sentier dont l'entrée est facile, mais la sortie très-difficile parce qu'elle n'admet qu'une personne à la fois. Aussi le passage fut bientôt engorgé, les malheureux prisonniers avançaient à pas de tortue, et encore étaient pressés de la manière la plus incommode. Tandis que ceux qui avaient suivi le chemin ouvert, comme le riche dans le voyage de la vie, marchaient à l'aise et voyaient avec indifférence la position fâcheuse de leurs compagnons.

Cependant quelques-uns des captifs dont la taille était peu élevée et l'adresse extraordinaire, se glissèrent sous la barrière et gagnèrent le chemin du milieu. Mais tous ceux que la nature avait formés sur de plus grandes proportions, furent obligés de rester et de se résigner à leur sort. Un Anglais, qui avait été témoin de la déclaration de l'Empereur chez la comtesse Walstein, était de ces derniers. L'Empereur voyant que tous les petits hommes s'étaient délivrés, et que l'Anglais restait fixé dans une position aussi gauche qu'ennuyeuse, lui cria : Monsieur, je vous avais bien annoncé qu'il était très-incommode d'être trop grand, vous devez à présent être de mon avis, mais comme je ne peux rien faire pour vous soulager, je vous recommande à St. Georges.

Il y a des gens qui en entendant louer l'affabilité extraordinaire de l'Empereur, et son mépris pour l'éclat et la splendeur que les hommes aiment avec tant de passion, ont assuré que tout cela n'était qu'affectation ; mais si les paroles et les actions d'une personne peuvent être affectées pendant sa vie entière, je ne sais par quel moyen nous pourrons pénétrer son caractère. En général les gens qui ont un goût violent, sont extrêmement disposés à croire que ceux qui ne le partagent pas mettent de l'affectation dans leur conduite.

Je crois ne vous avoir jamais raconté que notre ami R...., qui aime sa bouteille pardessus toute chose, et qui vous estime pardessus tout le reste du genre humain, m'a fait connaître un de vos penchans dont je n'avais pas le moindre soupçon.

Un jour après dîner, quand une couple de bouteilles eurent éveillé son amitié et ouvert son cœur, il se mit dans la tête de faire l'énu-

mération de vos bonnes qualités , et il en conclut la liste en disant que vous n'étiez pas *un
buveur de lait.* Je sais ce que signifie cette
expression dans la bouche de R..., aussi elle
me surprit , et je l'assurai que je ne vous avais
jamais vu boire que très - modérément : ni
moi , dit-il , mais rapportez-vous-en à ma parole , il est trop honnête homme pour ne pas
aimer le bon vin , et je suis certain que sa so-
briété n'est qu'affectation.

LETTRE XC.

Vienne.

J'AI passé dernièrement quelques jours très-
agréables à Felberg , en Autriche , chez le
prince de Lichtenstein , dont la famille est
une des premières de ce pays pour l'antiquité ,
la richesse et l'élévation ; ce prince , outre ses
terres en Autriche , a des biens considérables
en Bohême , en Moravie et dans cette partie
de la Silésie qui appartient à l'Impératrice ;
comme le prince d'Esterhazy , il entretient
des gardes du corps à sa solde. Je ne crois pas

qu'aucun des autres sujets de tous les monarques de l'Europe conserve cette prérogative.

Felberg est un antique château à quarante
milles de Vienne; les appartemens sont vastes,
commodes et meublés avec la somptuosité qu'on
remarque dans les habitations des seigneurs
de ce pays. Il y avait chez le prince, avec
lui et la princesse, le comte et la comtesse
Degenfeldt, le duc d'Hamilton, M. Milnes,
officier anglais, un autre gentilhomme anglais
et moi. Nous fûmes traités avec magnificence et
servis par un nombre considérable de domestiques. Quelques nobles autrichiens portent
ce luxe à tel point, que les plus grandes fortunes pourraient à peine le soutenir en Angleterre, où un valet coûte plus que quatre
dans ce pays.

Le lendemain de notre arrivée le déjeûner
fut servi à chacun séparément; c'est l'usage ici.
Nous partîmes ensuite pour une autre maison
de plaisance que le prince possède à six milles
de Felberg, et où il voulait donner au duc
d'Hamilton le divertissement de la chasse. La
princesse, la comtesse Degenfeldt, le Duc et
le capitaine Milnes furent dans une voiture, le
prince, le comte et moi dans une autre, les

deux jeunes princes, leur gouverneur et le jeune gentilhomme anglais dans une troisième ; une nombreuse suite à cheval nous escortait.

Le jour était très-avancé lorsque nous arrivâmes, et j'imaginai que la chasse commencerait sur le champ, mais tout se fait avec ordre et méthode dans ce pays : on trouva prudent de dîner d'abord. Cette opération à laquelle on mit le tems convenable étant terminée, je pensai qu'alors au moins les hommes iraient directement au lieu de la scène et quitteraient les dames pour quelque tems ; mais je me trompais encore. Les dames devaient assister à l'expédition toute entière, et comme il fallait nécessairement traverser un grand bois dans lequel les carrosses ne pouvaient pas entrer, des voitures d'une construction plus commode étaient préparées ; j'ai oublié le nom qu'on leur donne, sept ou huit personnes peuvent s'y placer, les unes derrière, les autres sur des siéges rembourrés. Quatre chevaux mènent ces voitures, qui glissent sur la terre comme des traîneaux, et passent dans des routes impraticables pour les voitures montées sur des roues.

Après avoir traversé le bois, et fait beaucoup de chemin par-delà de cette manière, nous atteignîmes un très-vaste champ, dans lequel il y avait plusieurs petits enclos circulaires d'arbres et de taillis à de grands intervalles les uns des autres. Cette chasse jusques-là avait été suivie avec très-peu de fatigue, car nous avions fait tout le chemin dans des voitures ou sur des traîneaux plus doux que les voitures. Enfin, depuis le déjeûner nous avions été complètement passifs, excepté pendant le tems du dîner. Mais arrivés dans la plaine on nous apprit que la chasse allait bientôt s'engager. Je crus alors qu'un exercice violent succéderait à tant d'inactivité, et je commençais à craindre beaucoup de lassitude pour les dames, quand je vis les domestiques du prince arranger quelques fauteuils portatifs à une légère distance des halliers dont j'ai parlé. Le prince, la comtesse et le reste de la compagnie prirent leurs places, et quand chacun fût assis on m'assura que la chasse commençait.

J'avoue que ma curiosité était alors vivement excitée, j'étais très-impatient de voir l'issue d'une chasse si extraordinaire, et qui différait tant de l'idée que j'avais de ce divertissement. Assis sur mon fauteuil , je me perdais en conjectures , lorsqu'enfin j'aperçus dans l'éloignement une longue ligne de paysans qui s'avançaient vers le petit bois près duquel nous étions assis , et formaient le segment d'un cercle dont le bois était le centre. On me dit que les paysans , avec leurs femmes et leurs enfans , faisaient ainsi lever le gibier, qui naturellement venait se réfugier dans le hallier. Aussitôt en effet que cela arriva , les paysans s'élancèrent du côté opposé à celui où notre compagnie avait pris poste , et le massacre commença.

Chaque personne était pourvue d'un fusil , beaucoup d'autres prêts à servir étaient apportés. Les domestiques étaient occupés à les recharger aussitôt qu'ils étaient vides , afin que le feu pût être soutenu sans interruption autant que le gibier continuerait à courir ou voler. Le prince manqua très-peu de coups , il tua plus de trente perdrix , quelques faisans et trois lièvres.

A l'ouverture de cette scène , je fus très-surpris de voir un domestique présenter un fusil à la princesse , qui avec un grand sang-froid , et sans se lever de son fauteuil , visa une perdrix qui tomba à terre sur le champ ; elle tua avec la même aisance dix ou douze per-drix ou faisans sur à peu près le double de coups. L'exécution faite par le reste de la compagnie ne fut pas très-considérable.

Jusques - là je ne savais pas que les dames allemandes s'exerçassent à cette espèce de chasse , mais j'appris alors qu'elles se livraient souvent à cet amusement , et c'est sans doute par égard pour la délicatesse du beau sexe qu'on l'a rendu si peu fatigant.

La chasse continua ; quelques halliers furent encore visités et le gibier y fut tué de la même manière. Le jour suivant le prince nous conduisit dans un autre de ses châteaux situé près d'un très-beau bois rempli d'une multitude de bêtes fauves de toute espèce. Quelques-unes d'entre elles sont d'une grandeur extraordinaire ; nous y vîmes aussi des sangliers. Le duc d'Hamilton , avec la permission du prince , en tua un.

Pendant tout notre séjour nous fûmes traités avec autant de politesse que de magnificence ; la princesse réunit un jugement sûr au caractère le plus agréable ; elle élève ses enfans et gouverne ses affaires avec beaucoup de prudence et d'habileté.

Cette famille et plusieurs des nobles qui ont été jusqu'ici dans leurs terres vont bientôt revenir à Vienne. M. et Mme de Pergen sont déjà ici depuis quelque tems ; Mme de Pergen reçoit chez elle deux fois la semaine à peu près la même société que la comtesse Thune dont elle est amie intime , et avec qui elle pourrait rivaliser sous beaucoup de rapports : mais leur union n'est troublée ni par la jalousie ni par la malveillance, et elles jouissent également de l'estime de la meilleure compagnie de cette ville. Les agrémens qu'offre la société ici , et le grand nombre de gens aimables et respectables avec qui nous sommes liés à présent, excitent mes regrets , et ne me laissent penser qu'avec peine à quitter Vienne. Mais le duc d'Hamilton désire passer l'hiver en Italie. A la vérité s'il ne le faisait pas, il serait obligé de retarder son voyage , qui ne pourrait se faire l'été dans un pays brûlant sans de grands inconvéniens.

LETTRE XCI.

Vienne.

Je ne vous ai rien dit de l'armée autrichienne, car je soupçonnais que vous aviez pu être rassasié de détails militaires de Berlin, où ce sujet de mes lettres était continuellement sous mes yeux. L'Empereur a très-peu de troupes à Vienne, elles ont une belle tenue, et l'armée est, en général, la mieux habillée que j'aie vue.

Au lieu d'habits à longues basques, les soldats ont pour uniforme une jaquette courte, de drap bleu, avec la veste et la culotte pareilles, un surtout de gros drap gris, qu'ils portent dans les tems froids et pluvieux, et qu'ils roulent dans le beau tems. Leur chaussure est une paire de bottes courtes, et au lieu de chapeau, ils ont des bonnets d'un cuir épais, dont le devant, ordinairement relevé, peut se baisser pour garantir les yeux du soleil. Excepté un petit nombre de Hongrois qui font le service du palais, aucune troupe autrichienne ne reçoit une solde plus forte que la

paie ordinaire , et n'a de priviléges particuliers. Les régimens en activité font le service
des gardes chacun à leur tour. L'insolence
des gardes prétoriennes , si souvent funestes à
leurs maîtres à Rome ; les fréquentes insurrections des janissaires à Constantinople , et
les révolutions effectuées par les gardes russes
à Saint-Pétersbourg , prouvent suffisamment
le danger de cette institution. Ces exemples
peuvent avoir influencé le gouvernement autrichien et l'avoir décidé à abandonner un
système qui semble rendre certains régimens
moins utiles et plus dangereux que le reste des
troupes.

L'armée autrichienne , d'après le calcul actuel, monte à plus de deux cent mille hommes , et on pense qu'elle ne compta jamais
autant de bons officiers qu'à présent. S'il sur-
venait une guerre avec la Prusse , les deux
puissances combattraient avec plus d'égalité
qu'elles ne l'ont encore fait. Cependant il
serait fâcheux pour la cour de Vienne , que
cette guerre éclatât maintenant , car il y a dans
ce moment quelques insurrections parmi les
paysans de la Bohême , qui occasionnent un
trouble général et des pertes particulières. Un

seigneur, du premier rang, a eu son château, ses meubles, et tous les bâtimens accessoires, entièrement brûlés.

Quelques personnes prétendent que ces
excès ne doivent être attribués qu'à l'esprit de
licence du peuple et à son amour pour le désordre. D'autres assurent qu'ils sont causés
par la tyrannie des seigneurs, qui a réduit ces
pauvres gens au désespoir. Quel qu'en soit le
véritable motif, il me paraît évident qu'il
serait plus avantageux pour les seigneurs,
comme pour les paysans, de laisser les derniers jouir de leur liberté au lieu de les retenir
dans un état de servitude. A présent ils paient
leurs rentes en travaillant un certain nombre
de jours dans la semaine pour leurs maîtres,
et ils font exister leur famille par les travaux
des autres jours, qui sont pour leur propre
compte. Vous imaginez bien qu'ils font plus
de besogne dans un jour, pour eux, que dans
deux pour leur seigneur. Il en résulte de la
part des seigneurs du mécontentement et des
coups, et de la part des paysans, de la haine et
des révoltes.

Si les terres, en Bohême, étaient laissées à
des hommes libres, sous la charge d'une

rente raisonnable; la liberté et l'amour de la propriété exciteraient l'industrie de ce peuple indolent; il travaillerait alors chaque jour avec joie et bonne volonté, et je suis convaincu que les revenus des seigneurs augmenteraient journellement. Les paysans resteraient attachés à la terre qu'ils cultivent par choix, au lieu de l'être, comme à présent, par la nécessité. Ne voyons-nous pas, en Angleterre, des familles rester pendant plusieurs générations sur les biens des gentilshommes, quoique le maître ait le droit de changer de tenancier, et le tenancier de maître, à la fin de chaque bail?

Dans presque tous les pays de l'Europe, excepté l'Angleterre, les habitans sont retenus par quelque barrière, dans la classe où ils sont nés. Le manque total d'éducation en oblige une grande partie à se livrer à un travail corporel pour assurer sa subsistance; des opinions nationales empêchent les autres de s'élever au-dessus de leur naissance, même quand ils ont un génie naturel, ou des talens acquis; mais dans notre île, la route de la science et celle de l'ambition, sont ouvertes à tous les citoyens; même dans les villages les plus obscurs , les pauvres habitans reçoivent les premiers élémens d'instruction.

Sans doute sur cent individus un seul, peut-être, profite des moyens que ce commencement d'éducation lui fournit , et encore dans le petit nombre de ceux qui s'élèvent au-dessus de leur classe, très-peu parviennent à un rang très-distingué. La raison en est que la nature ne donne le génie aux hommes qu'avec une main économe. J'avouerai bien que les habitans du même pays et du même climat , naissent presque tous avec, à peu près, les mêmes facultés naturelles , et que les divers degrés d'éducation, et les occasions de s'instruire , qu'ils peuvent rencontrer accidentellement , forment les différences qui se remarquent ensuite parmi eux. Mais je ne peux croire , avec Helvétius , que le génie soit entièrement l'ouvrage de l'éducation ; je suis convaincu que dans chaque nation il se trouve toujours quelques individus dont l'organisation est plus parfaite , l'aptitude pour les sciences plus prononcée , et dont l'esprit plus sublime s'élève à une hauteur de pensées que le commun des hommes ne peut jamais atteindre. C'est à cette supériorité naturelle que je donne le nom de génie. Par-tout où il se trouve, un peu de culture suffit pour le faire paraître ; mais ce secours est absolument nécessaire. Aussi lorsqu'il existe dans les paysans Russes, Polonais et Allemands, il est engourdi par la négligence ou étouffé par l'oppression. En Angleterre, le degré d'éducation, maintenant universel, quelque léger qu'il soit, réveille, anime ce génie, dont l'impartiale nature jette aussi souvent le germe dans le sein de l'enfant du paysan que dans celui d'un noble héritier. On ne peut donc pas compter le nombre de grands hommes dans un pays par celui de ses habitans, mais par le nombre de ceux dont l'esprit reçoit ce degré de culture nécessaire pour développer leurs talens.

Dans la Grande-Bretagne, par exemple, presque tous les habitans peuvent être compris dans ce dernier calcul. Dans les autres pays que j'ai cités, il faudrait excepter la classe entière des paysans.

LETTRE XCII.

Vienne.

Je ne sais si cela est dû à l'exemple de l'impératrice ou à quelque autre cause, mais il existe à Vienne un attachement vif et général pour la religion ; on y remarque aussi plus d'apparence de satisfaction et de bonheur que dans beaucoup d'autres villes d'Allemagne, où les impressions religieuses ont moins de force, et peut-être l'un est-il une conséquence de l'autre.

L'irréligion et le scepticisme, indépendamment des mauvais effets qu'ils peuvent avoir sur la morale et la destinée future des hommes, détruisent même leur bonheur temporel en obscurcissant les espérances qui, dans plusieurs situations, sont souvent leur seule consolation. Si ceux qui se jouent des opinions regardées comme sacrées par leurs concitoyens, croient montrer par ce moyen une grande supériorité de lumière, les jouissances de leur vanité sont plus que balancées par les doutes fatigans qui assiégent leur esprit. L'incertitude sur le plus intéressant des sujets ou la persuasion d'un anéantissement total, sont également insupportables à la plus grande partie des hommes. Tôt ou tard ils cherchent à se donner le droit de prétendre à cette brillante réversion que la religion promet aux croyans. Si l'idée de l'anéantissement a été soutenue sans peine par quelques philosophes, c'est le plus qu'on puisse dire en faveur de cet état d'esprit qui ne saurait jamais être une source de satisfaction ni de plaisir. Les gens très-sensibles ne le supportent pas long-tems. Leur tendre désir d'immortalité renverse l'édifice élevé par le scepticisme ; ils ne peuvent adopter une doctrine qui arrache du cœur un espoir profondément enraciné , rejette tous ces liens d'humanité , d'affection , d'amour et d'amitié , qu'ils avaient employé leur vie à former , et dont ils espéraient que la durée serait éternelle : puisque la sensibilité éloigne le cœur du scepticisme et l'entraîne vers la dévotion , on doit naturellement s'attendre à trouver une piété plus vive dans les femmes que dans les hommes ; en effet, très - peu d'entre elles ont pu contempler d'un œil ferme une perspective qui se terminait par le néant ;

et celles qui ont eu cette force philosophique, n'ont pas été les plus aimables de leur sexe.

Aucune des femmes que je connais à Vienne, n'a cette triste opinion, mais plusieurs sont plutôt disposées à mêler un peu de superstition à leurs pratiques religieuses. Il y a quelques jours, étant chez une dame, j'ouvris par hasard un livre posé sur sa table, un petit portrait de la Vierge, sur vélin, tomba d'entre les feuilles; au bas de ce portrait, il y avait cette inscription que je traduis littéralement.

« Ceci est offert par.... à sa plus chère amie,
» pour gage du plus sincère attachement, en
» lui demandant que toutes les fois qu'elle
» contemplera cette figure de la Vierge bénie,
» elle mêle un sentiment d'affection pour son
» amie absente, à ceux de gratitude et d'ado-
» ration que lui inspirera la mère de Dieu. »

La dame m'apprit qu'il était d'usage, parmi les amis intimes, de s'envoyer des présens de cette espèce, quand on était au moment de se séparer et que l'absence devait être longue.

Il y a quelque chose d'extrêmement tendre et touchant dans ce mélange de l'amitié avec les sentimens religieux; il semble que par cette espèce de consécration on veuille la préserver des effets du tems et de l'absence. La lecture de cette inscription rappela à ma mémoire ce que j'ai quitté, et la vivacité de ce souvenir m'affecta au-delà de toute expression.

Cette même dame a dans sa maison un autre beau portrait de la Vierge, orné d'un riche cadre et garanti de la poussière par un rideau de soie ; elle ne le regarde jamais qu'avec un air de respect et d'amour ; quand il est découvert et qu'elle passe devant, ses genoux se ploient doucement. Elle m'a raconté que ce tableau était depuis long-tems dans sa famille, qui l'a toujours eu en grande vénération, et que sa mère et elle devaient à la protection de la sainte Vierge les événemens les plus heureux de leur vie. Elle semblait même imaginer qu'elle était redevable à l'image de cette protection. Elle me déclara aussi que la confiance que lui inspirait la bonté de la Vierge, était sa plus grande consolation dans ses chagrins, qu'elle lui ouvrait son cœur sans contrainte, et qu'elle se trouvait toujours fortifiée et soulagée par ces effusions.

Je lui observai que les protestans, dévots, trouvaient la même consolation en s'adressant à Dieu.

Elle me répondit, qu'elle ne pouvait le comprendre, parce que la grandeur, la puissance de Dieu, mêlaient toujours tant de crainte à la vénération, que ses idées étaient troublées quand elle essayait de s'approcher de lui ; mais le caractère de la Vierge bénie, était si doux, si compâtissant, si rempli de condescendance, qu'elle lui adressait ses prières avec plus de confiance : en adorant, comme elle le devait, le créateur de l'univers et son sauveur, une sorte de contrainte se glissait, malgré elle, dans ses dévotions ; mais la Vierge étant elle-même une femme, et connaissant la faiblesse et la délicatesse de son sexe, elle lui ouvrait son cœur avec liberté. Regardez sa physionomie, ajouta-t-elle, en montrant le tableau, combien elle est douce, combien elle est gracieuse !

Ces sentimens, quoique contraires à la doctrine des protestans, sont naturels au cœur humain. Voltaire dit que l'homme est toujours tenté de créer Dieu d'après son image. Cette dame se formait une idée de la Vierge Marie, d'après la représentation du peintre et les écrits des évangélistes. Sa religion autorisait le culte qu'elle rendait à la mère de Jésus-

Christ, et l'ardeur de sa dévotion s'était naturellement tournée vers celle à qui elle croyait assez de pouvoir pour la protéger dans cette vie et lui assurer le paradis dans l'autre, et dont elle imaginait que le caractère pouvait, sous plusieurs rapports, sympathiser avec le sien.

Les notions théologiques de cette dame, pourront choquer quelques protestans zélés, cependant comme elle a d'excellentes qualités, et qu'elle observe les préceptes de la morale chrétienne avec autant de régularité que si sa croyance avait été purifiée par Luther et doublement raffinée par Calvin, j'espère qu'ils ne trouveront pas que je donne une trop grande extension à la charité chrétienne, en supposant que ses erreurs spéculatives peuvent être pardonnées.

LETTRE XCIII.

La préférence que, dans les contrées catholiques romaines, plusieurs individus donnent à des Saints particuliers, est quelquefois due au rapport qu'ils supposent exister entre leurs caractères et celui de ces Saints. Les hommes espèrent recevoir de plus grandes faveurs de ceux qui leur ressemblent, et naturellement aussi ils admirent dans les autres les qualités qu'ils imaginent posséder.

Un officier de dragons français, étant à Rome, alla voir la fameuse statue de Moïse, par Michel-Ange; l'artiste, si l'on en croit les connaisseurs, a donné à cet ouvrage toute la dignité qu'une forme humaine peut recevoir. Il a voulu que dans les traits de cette statue on reconnût le législateur des Juifs, le favori du ciel, celui à qui Dieu même a daigné faire entendre sa parole. L'officier savait par hasard l'histoire de Moïse, mais il admirait une seule de ses aventures, dont il trouvait qu'il s'était tiré avec courage, et comme il l'aurait fait lui-même. Voilà qui est terrible, s'écria-t-il à la vue de la statue, voilà qui est sublime ; on voit là un brave qui a donné des coups de bâton, et qui, dans son tems, a tué son homme. Les crucifix, les statues et les tableaux dont les églises papistes sont remplies, étaient sans doute destinés à réveiller la dévotion quand elle commençait à s'assoupir, et à exciter dans l'esprit les sentimens de reconnaissance et de vénération pour les saints personnages qu'ils représentent ; mais on ne peut nier que l'imagination grossière de la généralité des hommes, ne leur fasse oublier fréquemment les originaux pour transférer leur adoration aux figures insensibles qu'ils contemplent, et devant lesquelles ils se prosternent. Ainsi, quel que fût l'effet attendu de ces images, quel que soit même celui qu'elles produisent sur les esprits des catholiques romains, sages et modérés, il est certain qu'elles sont souvent les objets d'une idolâtrie aussi complète que celle pratiquée dans Rome et dans Athènes, devant les statues de Jupiter et d'Apollon.

Quel autre motif ferait accourir de tous les pays catholiques romains d'Europe, une telle multitude à Notre-Dame de Lorette? toutes les autres images de la Vierge la rappelleraient aussi efficacement à la mémoire que celle-là, et les pieux voyageurs pourraient l'adorer avec autant de ferveur dans leurs églises paroissiales que dans la sainte chapelle de Lorette. Les pélérins sont donc persuadés que dans la statue, une intelligence divine lui fait connaître les peines qu'ils ont prises pour venir se prosterner devant elle de préférence à toutes les autres images. C'était probablement à raison de cette tendance de l'esprit humain, que le culte des images était défendu aux Juifs ; il semble qu'il n'existait que ce moyen de préserver un peuple superstitieux de l'idolâtrie. Cependant ni la teneur péremptoire du commandement, ni le zèle et les remontrances de leurs prophêtes et de leurs juges, ne purent les empêcher de faire des idoles ou de les adorer quand ils les trouvèrent faites.

Les statues et les images de saints qui ont été long-tems dans les familles, sont généralement gardées avec soin. Le propriétaire leur porte souvent autant d'attachement que les anciens payens en avaient pour leur dieux pénates. Elles sont regardées comme des divinités tutélaires et domestiques , et la famille compte sur leur protection. Mais s'il arrive une suite d'évènemens malheureux , alors elle soupçonne les statues d'avoir perdu leur influence. Ce sentiment a aussi une très-ancienne origine. Suétone nous apprend que la flotte d'Auguste ayant été dispersée par une tempête qui fit périr un grand nombre de ses vaisseaux , l'empereur imaginant que le dieu de la mer n'avait plus la volonté ou le pouvoir de le protéger , et que dans l'un et l'autre cas il ne méritait aucune distinction publique, ordonna que la statue de Neptune ne serait pas portée en procession avec celles des autres dieux.

Les véritables préceptes de l'église catholique romaine, n'autorisent aucune des superstitions auxquelles se livrent la crédulité et l'ignorance des plus basses classes. Cependant elles s'introduisent quelquefois dans des rangs plus élevés. Un Français, dans une position plus que tolérable , avait une petite figure de notre Sauveur sur la croix , dont l'exécution était très-curieuse ; il proposa à un gentilhomme de ma connaissance de l'acheter. Après s'être étendu sur le mérite de l'ouvrage , il lui dit qu'il avait gardé long-tems ce crucifix avec le soin le plus pieux, et s'était constamment adressé à lui dans ses prières, qu'il en avait attendu en retour quelques faveurs ; mais qu'au lieu de cela il avait eu un malheur constant dans toutes ses entreprises. Ses billets de loteries s'étaient tous trouvés blancs ; il avait un intérêt considérable dans la cargaison d'un vaisseau venant des Indes-Orientales, et pour ne pas offenser le crucifix par un manque de foi dans l'efficacité des prières qu'il lui avait adressées pour la conservation de ses marchandises, il ne les avait pas assurées : cependant le vaisseau avait été submergé et la cargaison totalement perdue, quoique les matelots, dont le salut n'était d'aucun avantage pour lui, se fussent tous sauvés. Enfin, Monsieur, s'écria-t-il avec un accent d'indignation mêlé de regret, et en élevant les épaules par-dessus ses oreilles ; enfin, Monsieur, mon Christ m'a manqué, je le vends.

Heureux seraient les catholiques de toutes les dénominations, s'ils savaient s'en tenir aux préceptes simples, bienveillans et raisonnables de la religion chrétienne, et rejetaient les inspirations de la superstition, qui corrompt sa pureté et déforme sa beauté primitive !

LETTRE XCIV.

Vienne.

Nos débats avec les colonies sont un sujet inépuisable de conversation dans tous les pays que nous avons parcourus depuis que nous avons quitté l'Angleterre , et la chaleur avec laquelle on discute ce sujet augmente chaque jour. A présent, les habitans du continent semblent attendre aussi impatiemment des nouvelles de l'autre côté de l'Atlantique , que ceux de la Grande-Bretagne peuvent le faire , mais avec cette différence que tous sont animés du même esprit. Ils prient pour les succès des Américains , et se réjouissent des infortunes de notre armée.

Que les Français voient avec joie des mouvemens qui doivent affaiblir l'Angleterre , et qui peuvent les indemniser des avantages que nous avons remportés sur eux dans la dernière guerre , sans doute cela n'est pas surprenant ; mais il est plus difficile de deviner pourquoi les habitans de tous les autres pays se déclarent contre l'Angleterre et deviennent parti-

tisans de l'Amérique. Je leur pardonnerais,
et même j'adopterais leurs sentimens autant
que me le permettrait le vif intérêt que je
prends à l'honneur et au bonheur de mon
pays, si leur opinion prenait sa source dans
un amour sincère pour la liberté, et une généreuse partialité pour des hommes qui re-
poussent l'oppression et combattent pour l'indépendance; mais ceux qui ne peuvent recueillir aucun avantage de la révolte de l'Amérique; ceux qui ne se forment pas la plus
légère idée de la liberté civile, et qui seraient
même fâchés de la voir établie dans leur pays;
ceux qui savent de cette dispute seulement
qu'elle est ruineuse pour l'Angleterre, ne se
joignent pas moins vivement comme alliés aux
Américains, non pas par amour pour eux,
mais évidemment par aversion pour nous.

Aussitôt que j'eus observé cette disposition
hostile, je pensai d'abord que peut-être ils
étaient offensés par la préférence exclusive
que les Anglais donnent à leur propre pays et
à leurs compatriotes. Mais cette faiblesse nous
est commune avec toutes les autres nations de
l'univers, qui nourrissent aussi une très-fa-
vorable opinion d'elles-mêmes. En France,

elle domine assurément au plus haut point ,
à peine trouve-t-elle un sceptique , un incré-
dule dans le royaume entier. Il y est reçu pour
croyance universelle que la France est le plus
beau pays du monde ; les Français , le peuple
le plus ingénieux et le plus aimable ; et Paris ,
la capitale de la politesse et le centre de la
science , du goût et du génie.

La satisfaction que donnent les malheurs de la
Grande-Bretagne ne peut donc s'élever d'une
cause également applicable à tous les autres
pays. A la vérité , l'envie de nos richesses et la
jalousie de notre puissance ont pu contribuer à
l'inspirer ; mais je crois qu'il faut sur-tout l'attribuer au peu de peine que nous prenons pour
nous concilier l'affection des étrangers, et pour
diminuer cette envie et cette malveillance que
la vue d'une grande prospérité fait souvent
naître dans le cœur humain. Les Français,
quoique peut-être le peuple de la terre le plus
vain de ses avantages , ont cependant quelque
considération pour les sentimens et l'amour-
propre de leurs voisins. Un Français arrache
d'eux l'aveu de la supériorité de son pays en faisant l'éloge des avantages qu'ils possèdent dans
leur patrie ; mais nous , trop fréquemment

nous bâtissons le panégyrique de la vieille Angleterre sur la ruine ou les inconvéniens de toutes les autres contrées. L'Italie est trop chaude, les auberges misérables, et le pays entier fourmille de moines et d'autre vermine. En France, on ne trouve que des esclaves et des petits-maîtres ; la musique y est exécrable, la viande trop cuite, le porter inconnu, et la bière forte très-rare. En Allemagne, quelques princes ont moins d'argent à dépenser qu'un gentilhomme anglais ; ils se servent de poëles au lieu de cheminées ; dans ce pays on mange de la chou-croûte, et la langue est rude et désagréable. Les Danois et les Suédois sont trop éloignés de l'équateur, et les climats froids ont de grands inconvéniens. Je trouve qu'il serait prudent de se taire, sur-tout sur ce dernier chapitre, car de très-misérables Etats auraient la préséance sur la vieille Angleterre, si le rang devait être déterminé par le climat.

Mais cette considération n'a aucun effet sur le brave peuple Anglais. Quand il est dans son humeur colérique, il n'épargne pas ses meilleurs amis et ses plus proches voisins, même lorsque leur secours lui est évidemment nécessaire. Aussi le contentement universel que produit dans toute l'Europe l'espoir de voir l'Angleterre dépouillée de ses colonies ne tire pas entièrement son origine des opinions politiques ; elle est encore causée par cette réserve qui empêche les Anglais de cultiver l'amitié des étrangers, par cet orgueil qui leur fait repousser l'idée de s'accommoder aux préjugés, par cette indifférence qui leur fait mépriser les coutumes et l'approbation des autres.

Ces offenses ne se pardonnent pas facilement : la supériorité du génie, la magnanimité et l'intégrité ne peuvent les compenser. Non-seulement elles ont fait prendre parti contre nous dans la dispute de l'Amérique, mais encore elles conduisent ceux qui peuvent dépenser leurs revenus hors de leur pays à choisir la France plutôt que l'Angleterre. La différence de climat entre Londres et Paris est très-légère ; les amusemens d'hiver sont plus brillans dans la première de ces villes, et peut-être les articles de luxe y sont-ils portés à une plus grande perfection. Pendant l'été des connaissances supérieures en agriculture, et un meilleur goût dans la disposition des jardins, font déployer à l'Angleterre des scènes de culture , de verdure et de fertilité qu'aucun autre pays de la terre ne peut égaler. A ces avantages il faut ajouter encore les faveurs de la liberté ; et cependant les seuls étrangers qui reçoivent d'elle leur existence , fixent leur séjour en Angleterre. Le riche voyageur , après une courte visite à Londres , va dépenser son revenu à Paris.

Indépendamment du bénéfice réel que les Français en retirent , leur vanité naturelle est flattée ; ils voient avec plaisir leur société préférée à celle de tous les autres peuples , et particulièrement à celle de leurs orgueilleux voisins. Laissons-les jouir de ce triomphe, laissons - les attirer dans leur capitale les gens oisifs, dissipés et frivoles de toute l'Europe ; mais pour l'amour du ciel , vous et les amis que vous avez dans le parlement , proposez quelques mesures pour les empêcher d'engager l'affection de nos industrieux frères d'Amérique.

Un tel évènement serait suivi des plus fâcheuses conséquences pour la Grande-Bretagne , et probablement pour l'Amérique. Il y a cependant si peu de rapport entre le caractère français et le caractère américain , que je

ne saurais imaginer que leur accord fût du-
rable si jamais il se fait.

Ce que je viens de vous dire a pu naturellement vous faire supposer que l'on porte ici
une haine invétérée à l'Angleterre. Cependant
cette opinion serait injuste, car quoiqu'en
général on favorise l'Amérique, je n'ai vu
mettre nulle part autant de modération sur ce
sujet qu'à Vienne : l'Empereur lui - même,
lorsqu'on lui demandait quel côté il favorisait,
répondait ingénieusement : *Je suis, par mé-
tier, royaliste.* Je désire que ceux de nos
compatriotes qui, d'après votre récit, portent
trop loin leur zèle pour l'Amérique, veuillent
bien se souvenir qu'*ils sont, par naissance,*
anglais.

J'allais fermer cette lettre lorsque j'ai reçu
celle dans laquelle vous m'apprenez que votre
jeune ami part pour son voyage d'Europe.
Dans un autre moment je lui écrirai, comme
vous me le demandez ; mais à présent, je me
bornerai au peu d'avis suivans.

J'espère qu'il se rappellera toujours que la
vertu et le bon sens ne sont pas relégués dans
un seul pays ; mais que la principale utilité des
voyages est de dégager l'esprit des préjugés

vulgaires; il doit donc former des liaisons avec les habitans des différens pays qu'il parcourra; s'il paraît se plaire avec eux, ce sera un moyen efficace pour qu'ils se plaisent avec lui, il en acquerra une connaissance plus parfaite des objets qui pourront exciter son intérêt.

Souvent les Anglais dans leurs voyages choquent les étrangers par une préférence hautaine pour l'Angleterre, et ridiculisent les mœurs, les coutumes et les opinions de toutes les autres nations. Cependant à peine sont-ils de retour dans leur patrie, qu'ils adoptent les manières étrangères, et pendant le reste de leur vie ils expriment le plus souverain mépris pour tout ce qui est anglais. J'espère qu'il évitera avec soin une affectation si ridicule et si condamnable.

Le goût des lettres qu'il emporte de l'université ne diminuera pas sur une terre classique, si son esprit n'est pas détourné des études qui conviennent à un gentilhomme anglais, par un frivole enthousiasme pour la musique ou par quelques autres passions inutiles ou dangereuses.

Si la confiance de ses amis, la préservation de son caractère et la tranquillité de son esprit lui paraissent de quelque importance, aucun exemple ne pourra jamais l'entraîner vers le jeu ; en évitant l'habitude de jouer, il conservera une sorte d'indépendance que ses études fortifieront encore, car les connaissances qu'elles lui auront acquises deviendront la source de ses amusemens les plus agréables ; bien différent de ces misérables mortels qui, pour abréger les tristes heures de leur vie, sont continuellement obligés d'avoir recours aux autres, il trouvera dans cet heureux tour d'esprit, non-seulement une addition à son bonheur, mais encore de nouveaux moyens de se rendre utile à la société dont il dépendra moins.

Vous donnerez, si vous voulez, ce sermon au jeune voyageur, que mes vœux sincères accompagneront. Nous avons retardé notre départ de plusieurs semaines, simplement parce que nous avions peine à quitter un lieu si agréable : mais déterminés à la fin à partir pour l'Italie, nous irons par les duchés de Stirie et de Carinthie, cette route étant plus courte que celle du Tyrol. Le tems que nous passerons encore à Vienne sera entièrement employé aux arrangemens nécessaires pour notre voyage, et à de pénibles adieux à nos amis ; ainsi vous ne recevrez pas de mes nouvelles avant mon arrivée à Venise.

FIN.

www.ingramcontent.com/pod-product-compliance
Lightning Source LLC
Chambersburg PA
CBHW061441060726
47597CB00002B/423